JN155321

The Rule of Gloss,
How to be Loved by People and Money

お金と人に愛される「つやの法則」

田宮陽子
Tamiya Yoko

PHP

はじめに

「つやの法則」って、いったい何？

きっと多くの方がそう思ったのではないでしょうか。

「つやの法則」とは、あなたの顔や髪の毛、ツメや靴、それから周りにあるモノに「つや」を出して光らせるだけで、みるみる運が良くなる「魔法の法則」です。

あなたは、この「つや」を出すだけで、なぜかお金が流れ込むようになり、たくさんの人に愛されるようになり、良いことばかりが連続して起こる「幸せゾーン」に入ってしまうのです。

「えっ、そんなカンタンなことで!?」と、あなたは思うことでしょう。

でも、これはホントのことなんです。

私はいままで、「幸せなお金持ち」「成功者」「大富豪」「セレブ」と呼ばれる方々を千人以上、取材してきました。

彼らからたくさんの「教え」を聞いてきましたが、その中でも「いちばん確信が持てて、スゴイ効果をあげられるもの」が、この「つやの法則」です。

あっけないほどカンタンで、誰にでもできて、驚くほど効果はバツグン！

このことを知ると、あなたはもう二度と「不幸」になれなくなってしまうでしょう。

「顔につやを出すと、なぜか運勢がよくなる！」

私がこのことを最初に知ったのは、納税額日本一の実業家、斎藤一人さんの教えでした。

この話を聞いたとき、「顔につやを出すということと、運勢が良くなることは、いったいどういう関係があるんだろう……。根拠はあるのかな？」と、意味がさっぱりわかりませんでした。

ところが斎藤一人さんからこんな言葉を聞いたとたん、「なるほど！」と納得したんです。

「お金持ちの人の顔を見てごらん。みんな顔に『つや』があるだろう？　人ってね、運勢が良くなると、内側からにじみ出るように顔につやが出てきてしまうんだよ」

そこで、私の身近にいる友人や同僚で、「仕事がノリに乗っている人」「たくさんの人から愛されて人気がある人」「なぜか運がよくて、いろんな物事がスムーズに進む人」の顔をじーっと見てみました。

たしかに他の人に比べて「つや」があります。

なんて言うのでしょうか、**顔の表面がなめらかに美しく光っている**カンジ。

「輝いている！」と言いますか、その人が部屋に入ってくると、パーッとそこが明るくなる印象です。

きっとこれが、斎藤一人さんの言う「つや」なのでしょう。

この教えを聞いて、私はかる〜い気持ちで「顔につやを出すこと」を始めました。顔にクリームとかオイルを多めに塗って、いつも顔をツヤツヤにしていたのです。

すると、あきらかに「実際に起こること」が変わってきたのです。

例えば、**私が「顔につや」を出し始めたとたん、不思議な臨時収入が続々と入ってくる**

ようになりました。最初は、タンスの裏から忘れていた貯金通帳が出てくるような「小さなこと」でした。そのうちに親戚や先輩から「思いもかけないお小遣い」をたびたびいただくようになり、友人のホームページの文章を無償でお手伝いしていたら、その文章がきっかけでたくさんのお客さんが来るようになったそうで、「お礼」としてまとまったお金が入ってきたり……。

そのうちに超有名な成功者から、編集協力の仕事をいただくようになりました。その本は大ベストセラーになって、増刷するたびに印税をいただくので、以前とは比べものにならないほど「お金の流れ」が豊かになっていったのです。

なぜかだかわからないけれど、「以前の私だったら、とてもムリだったこと」がスムーズに進んでしまうのです。「びっくりするような大きなチャンス」が、連日のように舞い込むようになりました。

私はあまりの「つや効果」に驚き、それ以来、顔につやを出し続けています。

ぜひあなたも、「だまされたつもり」でやってみてください。

「顔につや」を出すと、早ければその日のうちに、遅くても三日以内に、「びっくりする

ような良いこと」が起きるはずです。

そして、その効果をいちばん実感するのは「お金の流れ」に関してでしょう。お金のことに関して、「見えない何か」にサポートされているとしか思えないような出来事が、日を追うごとに増えていくはずです。

この本では「つやの法則」をはじめ、幸せなお金持ちから教わった「お金と人に愛される魔法のルール」をまとめました。

私はいままで「成功者」「大富豪」「セレブ」と呼ばれる方々をたくさん取材してきましたが、そういった方々に実際にお逢いしてみると、みなさん驚くほど親切でフレンドリーでした。

「人に愛される人は、お金にも愛される」。そんな言葉がありますが、「真のお金持ち」というのは、愛にあふれていて、どこかチャーミングで「かわいみ（かわいげ）」があり、いつも強い好奇心と向上心を持っている人ばかりでした。

そして、自分が豊かになった方法を、一介の編集者であった私に、惜しみなく丁寧に教えてくださったのです。ときにユーモアをまじえ、ときにわかりやすい例え話を出しながら、まるで「昔の自分」に話すように一生懸命伝えてくださいました。

お金持ちや成功者から教わった方法というと「ハードルの高いこと」のように思いますが、そのほとんどはシンプルで、ちょっと意識を変えるだけで、誰もが今日からできることばかりです。

この本は、大富豪や成功者、セレブ達からの「惜しみない愛」がたっぷりつまっている一冊です。

なにより「つやの法則」を知った瞬間から、あなたは「つやを出してみようかな？」と思ったはずです。それは、すでにあなたが「豊かで幸せなつや波動」へと変わってきている証拠です。

この本が、あなたを「幸せなお金持ち」にする「ドリームブック」になることを信じています。

田宮陽子

お金と人に愛される「つやの法則」　目次

chapter 1

「つや」を出すと、誰でもお金に愛される！

chapter 2

「つや」で、臨時収入がぐんぐん増える！

chapter 3

ますますつやが出る！ 金運習慣

chapter 4

愛されて豊かになる「心につや」の魔法

装丁――片岡忠彦

chapter 1

「つや」を出すと、誰でもお金に愛される！

「つや」には、はかりしれないパワーがある！

「顔につやを出す」

本当にカンタンなことですが、実はこの「つや出し」を実践している人が、世間ではまだあまりいません。

ところが、各方面で成功している人に話を聞いてみると**「つやというものには、はかりしれない不思議なパワーがある！」**ということをよく知っている人が、たくさんいらっしゃいます。

例えば、有名なパティシエ（お菓子職人）の方がこんなことを言っていました。

「僕は、自分がケーキを作るときに、よく熟れている『とびきりおいしい果物』を選びたいんです。箱に入っている、たくさんの果物を見たときに、『あ、これは絶対においしいぞ！』と確実にわかるものがあるんですね。それはね、『つやがとびきりあるもの』なんですよ」

「つやがあるくだものだ⁉」。この言葉を聞いて、私は思わず叫んでしまいました。実はその少し前に、幸せな大富豪として名高い斎藤一人さんから**「お金持ちとか、成功している人はみんな『つや』がある」**というお話を聞いたばっかりだったからです。

つやは人間のみならず、リンゴとか、モモとか、ミカンとか、ブドウとか、「果物」であっても「つやがあるものはとびきりおいしい！」……そういうルールがあるのです。

その他、ペット業界で活躍している方が、ペットの健康状態を見るときにも「つや」を基準にすると聞いたことがあります。犬とか猫とか、うさぎとかのペットちゃんで、元気でイキイキしている様子を表すのに「毛ヅヤがいいね！」っていうほめ言葉があります。

「つや」……。どうやらこの「つや」は、「あらゆる魅力」や「元気でハツラツとしていること」を表す「合図のようなもの」なんでしょう。

天に向かって「私は、絶好調ですよ！」「私は、最高の状態ですよ！」「私は、イキイキしていますよ！」「私は、みんなから求められていますよ！」「私は、人のお役に立ちますよ！」という**「旬の状態」を表すのに、「つや」というひと目でわかる合図を放っている**

ようなのです。

「お金持ち」になると自然と「つや」が出てきてしまうのも、こういった流れをくんでいるのでしょう。

「神さま」という存在がいるのなら、神さまは「誰をまっさきに応援しようかな？」と上から見ていらっしゃるはず。そのときに「つや」がある人って、パッと光って見えますから、大勢の中から見つけやすい。そして「見つけやすい人」を、まずは応援してくださるのではないでしょうか？

「つや」があるもののところには、豊かさ（お金）、健康、愛情、すばらしいチャンスなど、ありとあらゆる「良きこと」が集まってくるようになっているのです。

ですから**「幸せなお金持ち」になりたければ、先に「顔につや」を出しておくことが大切**ですし、こんなに手っ取り早い方法はありません。

お金と人に愛される魔法

クリームやオイルをたっぷり塗って、顔に「つや」を出してみよう！

「つやを出すこと」が金運にどうして影響するの？

「顔につやを出すと、お金に困らなくなる」という話をすると、多くの人からこんな質問をいただきます。「顔につやを出すことが金運にどうして影響するのでしょうか？」。

実は、あなたに起こることというのは、すべてつながっているのです。お金のことも、仕事のことも、恋愛のことも、家族のことも、人間関係のことも……。ひとつひとつを見ると「単独で起きている」ように見えますが、「根っこ」は全部つながっているのです。

顔につやがあることと「金運」には直接、何も関係ないことのように思えます。ところが「運」の世界には、こんなルールがあるのです。**「自分の一部が良くなると、他の部分もひっぱられるように良くなっていく」。**これを「つながりの法則」と言います。

例えば掃除をしたり、断捨離をすることも、「部屋がキレイになること」と『運気が良くなること』には、なんの関係もないように思えます。ところが、この「つながりの法則」で考えると、自分の「一部の流れ」が良くなると「他の部分の流れ」もひっぱられるように良くなるので、全体的に運のいいことが起こるのです。よく「部屋の掃除を徹底的にしたら、あらゆるジャンルのことで、良いことが起こるようになった」というお話を聞くと思いますが、これも「つながりの法則」が働いている「あかし」なんですね。

大富豪や成功者、セレブの多くは、この「つながりの法則」のとんでもないパワーを知っています。ですから「つながりの法則」のヘッドピンとなるようなことを見つけ、それをまずやるのです。なぜなら「運を良くしたい！」「お金の流れを良くしたい！」と漠然と思っても、何をしていいかわかりません。ところが**「とにかく顔につやを出しておけばいい」**なら、やることがハッキリしているので実践しやすいのです。

「ひとつのこと」をしっかりやっていると、「つながりの法則」が必ず働くので、あなたの金運はどんどん良くなっていくのです。

私の場合、「つながりの法則」のヘッドピンとなったのは「顔につやを出すこと」。これがきっかけで、私の「お金の流れ」は飛躍的に良くなっていきました。

お金と人に愛される魔法

「つながりの法則」のヘッドピンとなるものを見つけよう

髪に「つや」を出すと、天からの加護がある！

以前、ある有名な美容家さんを取材したことがあるのですが、その人が、こんなことを言っていました。

「芸能人とか、お金持ちとか、セレブな人と『一般の人』って、どこが違うか、わかりますか？ それはね、髪なんですよ。芸能人とかお金持ちとかセレブな人って、髪のつやにすっごく気を配っているんです」

美容家さんいわく、髪がきちんとブロウされていて髪がツヤツヤだと、なんだかそれだけで、とても「豊かそうな雰囲気」に見えるし、「美人度」もかなりアップして見えるそうです。

その反対に、髪がボサボサでふりみだしていてつやがないと、なんだか不幸で貧しそうに見えるだけでなく、不健康そうにも見えてしまいます。

納税額日本一の実業家、斎藤一人さんの教えでこんな言葉があります。

＊＊

自分の体は神さまの「お社《やしろ》」と同じなんだよ。

頭には「天の加護」があるの。

だから、頭（髪の毛）にはいつもつやを出しておくんだよ。

そうすると「天からの加護」がたくさんあるからね。

＊＊

「加護」というのは、神さまがその力によって民衆を守り助けてくれること。

そう、**「天が人知を超えた力で応援してくれる」**という意味です。

ですから「髪」につやを出すと「天からの加護」をたくさん、たくさん、受けられるというわけなのです。


ちなみに、お金に困っている人や貧しい暮らしを続けている人は、なぜか髪につやがなくボサボサにしている人が多いそうです。

そういう人に「ちょっとブラシで髪をとかしてみたら？」とアドバイスしても「いいのよ。私、お金ないんだから」と、髪をとかすことを、なぜかガンとしてイヤがるのだとか。

いくらお金がなくても100円ショップに行けば、ブラシぐらい売っていますから、買えないはずはないんです。

たぶん、これは「心の豊かさ」と関係しているのでしょう。

「私なんて価値のない人間だ」（＝たくさんのお金を受け取る資格がない）と心の奥底で思っていると、髪がボサボサでも、髪に寝グセがついて、ヘンなふうにハネていても、そのことに対してなんとも思わなくなってしまう。

その反対に「私にはすばらしい価値がある！」（＝たくさんのお金を受け取る価値がある）という思いが身についてくると、「価値がある私なんだから、髪にもたっぷり手をかけてあげよう」。そんなふうに思えてきます。

いままで私が取材をしてきた幸せなお金持ちやセレブ、有名人の髪を見ていると、どなたもみんな髪の毛が「ツヤツヤ」です。

たぶん多くの人に自分の髪を見られることを想定して、ヘアメイクさんにいつもツヤツヤにブロウしてもらったり、お家でも髪の「お手入れ」に力を入れておられるのでしょう。

不思議なことに「無名のアイドル」でも、ヘアメイクさんに髪の手入れをしてもらって、髪をツヤツヤにすると、いきなり「売れっ子アイドル」のように見えてきます。

そのくらい髪の印象というのは大きいのです。

お金と人に愛される魔法

髪をきれいにブロウして、オイルをつけて、いつもツヤツヤにしておこう

靴に「つや」を出すと、先祖からの加護がある！

「靴」というのは、私たちを「幸せなお金持ち」にしてくれる「開運アイテム」です。

例えば「新しい靴がほしいなあ！」とむしょうに思うとき。そういうときは、そのすぐ後に「あなたがひとつ高いステージへ歩んで、ますます豊かで幸せになる大きなきっかけが起こる」ときです。

あなたの本能はそれをちゃんとキャッチして「いまのうちに新しい靴をそろえておかなきゃ」と思っているのです。

また、靴を新調する余裕がないときは「いま持っている靴をピカピカに磨いておく」。

これはとっても大切なことです。

斎藤一人さんの教えで、「靴につやを出すと、先祖からの加護がある」という言葉があります。これは、いつもピカピカに磨いた靴を履いていると、あなたのご先祖が、「見えない大きな力」であなたのことを守ってくれて応援してくれる、ということなんですね。

私はいままでたくさんのお金持ちや大富豪、セレブの方を取材してきましたが、そういえば、みなさん、靴がとてもキレイでつやがありましたし、「靴」にこだわりを持っていました。

例えば、とってもシンプルな格好（黒いニットに、黒いスカートみたいな感じなコーディネイト）をしていても、靴は「まっかなハイヒール」を履いていたりして、とりわけ靴に気を使っている人がとても多かったのです。

そして、いつも「おろしたて」のように、ピカピカに磨かれてありました。靴の汚れを取るブラシやクリームにもこだわっていて、「靴のお手入れセット」を一式、ステキな箱に収納して、靴箱に置いている方もいらっしゃいました。

いま自分の持っている靴を、ピカピカに磨いて、豊かで幸せな波動を引き寄せましょう。

お金と人に愛される魔法

「靴磨き」を趣味にして、靴をツヤツヤにするのを日課にしよう！

歯に「つや」を出すと、お金がこぼれない

成功者やセレブの人は忙しい毎日を送っているものですが、そんな中でも、みなさんがせっせと通っているところがあります。

それは……歯医者さん！　頻繁に歯のクリーニングをしたり、歯のホワイトニングをしたり、「歯を真っ白にして、つやを出すこと」をとても大切にしている人が多いのです。

実は私、歯医者さんって、すごくニガテだったのです。口をあーんと開けたままでいるのも苦痛だし、ちょっとしみたりチクッとする「痛み」もニガテだし、あの「キーン」という音もダメ。だから、虫歯になったりしてガマンできないくらいの状態にならないと自主的に行こうとはしなかったのです。

でも、成功者を取材するようになって、「歯」というものがいかに運気にかかわっているのかを知り、考えが変わりました。

ある成功者の方は、こんなお話をしてくれました。**「歯につやがあればあるほど、その**

人のところにお金が流れてくるんだよ。あと人相学的に、前歯が抜けている人は絶対に埋めたほうがいい。なぜなら、前歯に『空き』があると、そこから『お金』が逃げていくからね」。成功者の部下の方やスタッフさんは、これを聞いて、みんなすぐに歯の治療に行ったそうです。

もうひとつ大事なのは「歯の色」。歯が茶色っぽかったり、黄色っぽかったりすると、その人の印象も、なんだか清潔に見えません。さわやかでイキイキと若々しく見せたかったら、「パキッとした白い歯」を保つことが大事なのだとか。

ひと昔前に「芸能人は、歯がイノチ！」というCMがありましたが、まさに白い歯はその人の運気を上げてくれるのですね！「歯のケア」にかけるお金は、大きな価値があります。必ずそれ以上の金額となって、あなたのところに返ってきてくれるでしょう。

お金と人に愛される魔法

いつも真っ白でツヤツヤの歯でいよう！

ツメは豊かなエネルギーを受け取る「アンテナ」の役割がある！

手の先（ツメ）は、ふとした瞬間に目に入りやすいところです。

自分のツメをツヤツヤに手入れしていると、ふと目に入ったときなんとなく「豊かで幸せな気持ち」になります。その反対にツメが汚れていたり、傷があって、はがれていたりすると、なんだか気持ちまでささくれてきます。

ある有名な手相家の先生に教えていただいたのですが、**実は「手の先（ツメ）」には、宇宙から豊さのエネルギーを受け取る「アンテナ」の役割があります。**

アンテナの先（ツメ）がいつも、ツヤツヤ輝いていると、ハッピーなエネルギーをたっぷりと受け取れます。だから、ツメをいつもきれいにしておくと、ツキもお金もどんどん引き寄せることができます。

ちなみに、ツメにたまに「白い点」ができることがありますが、あれは、**「これから、すっごくいいことが起きますよ！」**という、宇宙からの「お知らせ」となります。その反対に、もしもツメに「黒い点」が出たら、「良くないことが起きるかも知れないから、注意してくださいね！」という「お知らせ」です。その場合は、白やピンクのマニキュアで「黒い点」を塗りつぶしておきましょう。

ちなみに女性が、ツメにネイルを塗る場合、「金運アップ」の面からすると、こんな色がオススメです。

＊＊＊＊＊＊＊＊＊＊＊＊＊＊＊＊＊＊＊

「透明（ツヤ出し）」
「パールピンク」
「ベージュピンク」
「白（ホワイト）」
「ゴールド（ラメもＯＫ）」
「シルバー（ラメもＯＫ）」

＊＊＊＊＊＊＊＊＊＊＊＊＊＊＊＊＊＊＊

そう、いずれも、ナチュラルな色で、本来のツメがとってもきれいに見える色です。
「ツメにつやが出る」「ツメがキラキラっと輝く」そんな色が金運アップにはオススメです。

男性の場合でもツメがきちんと手入れされていると、とても清潔感がある人に見えます。

あるテレビ番組で、「ミュージシャンのＩＳＳＡ《イッサ》さんがなぜモテるのか？」という企画をやっていたそうです。

その答えは「ツメがピカピカでつやがあるから！」。若い女性に「男性のどこを最初に見ますか？」と街頭インタビューをしたところ「ツメ」と答える人がとても多かったそうです。「僕は定期的にネイルサロンに通って、ツメにつやを出している」とＩＳＳＡさん。さすがモテる人は、細かいところまで気を配っているんですね。

いつもツメをツヤツヤにして、宇宙から「豊かなエネルギー」をたっぷりと取り込んでいきましょう。

お金と人に愛される魔法

いつもツメをツヤツヤにしておこう！

「つや」のあるところにお金が集まる！

「景気」という言葉がありますが、これは「経済活動が活気をおびていること」をさします。実は、金運というのはお金の「気」を集めることであり、金運は「お金が活気よくにぎわって、繁盛しそうなところ」に降り注いでいくのです。

さて「お金が活気よくにぎわって、繁盛しそうなところ」を一発で見極めるとしたら、どこでしょう？　それは「光っているところ」。いわゆる「つやがあるところ」なんですね。

例えば、繁盛していて活気のあるお店を外から見たときに「なんかこのお店、輝いていて、まぶしいな！」と感じたことはありませんか？　あれもいわゆる「お店につやがある」っていうことなんです。

それから、いま成功の流れ（ハッピーフロー）に乗っている人を見たとき、「この人、なんか、輝いてる！」と感じたことはありませんか？　あれもいわゆる「人につやがある」

っていうことなんです。

「つや」っていうのは「内側からにじみ出てくるようななめらかで美しい光」のこと。その「つや」が「いま、このお店は活気がありますよ!」「いま、この人は、ノリに乗っていますよ!」ということをひと目見ただけで、わかりやすく教えてくれる。

言ってみれば「この人のところに、あらゆる豊かさが降り注ぎますよ」という「合図」なんですね。

お金に愛されたいと思ったら、何より自分をキラキラと輝かせる「つや」を出してください。自分に「つや」を出すというのは、まず顔につやを出すこと。

そして、**「つやのある声」「つやのあるしぐさ」「つやのある部屋」「つやのあるコーディネイト」などなど、「なめらかで美しい輝きのある生活」**をすべてに関して、心がけることです。

ちなみにギラギラしたような「過剰なつや」というのは、あまりにもまぶしくて、人から話しかけづらい雰囲気を放ってしまいます。「ポジティブすぎる人は話しかけづらい」「ポジティブすぎる人は、人を疲れさせる」……この現象とちょっと似ています。なにごとも「バランス」というものが大事なんですね。

お金に愛され豊かになり、多くの人に愛され、話しかけられやすい印象を作りたい。その場合はなにごとに関しても「ころあいのよいつや」（なめらかで美しい輝き）を出すことだと思っています。

特にこれからの時代、そんな人に「お金さん」は引き寄せられていくでしょう。

お金と人に愛される魔法

毎日の生活に「つや」を取り入れよう！

「借金」は心のつやをなくす

この世の中にあるすべての「借金」が悪いわけではありません。

しかし「お金のエネルギー」という観点から見ると、どうしても「お金を借りる」という行為では「借りた相手」に対して、「負い目のエネルギー」というものが発生します。

例えば、お金を借りた相手から「ちょっとイヤだなあ」と思うことを頼まれたとしても、相手の言うことを聞いてしまったり、人間関係に「上下関係」が生まれて、相手が「上の立場」になってしまうことがある。

そういう「微妙な人間関係のエネルギー」が「お金を借りる」という行為によって発生することを私たちは忘れてはいけません。

その他にも「ささいなこと」ではありますが、「誰かに贈るプレゼントを友だちに代表して買っておいてもらった」「友だちと一緒に買い物に行ったとき、お金の持ち合わせがなくて友だちに払ってもらった」……そういう「小さな借金」というものがあります。

それが例えば五〇〇円とか千円ぐらいのお金であっても「お金は、お金」なのです。「借りたものは、きちんと返す」（借りたことをメモしたり、しっかり覚えておいて、早めに返す）。これは当然のことであり、このことを軽く見ていると、その人の「お金の流れ」は目に見えてとどこおってくるようになっています。

「小さなことにもきちんとしている人は、大きな事柄が生じたときも、きちんと対応する」。「お金の神さま」はこのことを知っていて、あなたの「お金に対する態度」をよくよく見ています。

お友だちに借りた金額が五〇〇円であっても、この五〇〇円を大切にする気持ちが「お金に対する姿勢」として現れます。借りたものをきちんと返さなかったり、「自分に払えないような借りを作る」という行為は、あなたの運気まで下げてしまう可能性があります。「お金の勉強」をして、着実に豊かになっていく上で、このことは絶対に忘れてはいけないことでしょう。

お金と人に愛される魔法

どんなに小さい金額でも、お金を借りたらすぐに返そう！

「お金の神さま」が寄りたくなる、つやのある家の作り方

この世には「お金の神さまが寄りたくなる家」というのがあるそうです。そんなことを聞くと「私の家も、ぜひそういう家にしたい！」と思いませんか？

そのポイントになるのは「玄関」なのだとか。玄関にたくさんの靴を並べているお家がありますが、それを見た「お金の神さま」は、「あ〜、このお家にはちょっと入りづらいなあ」と、とまどって、他の家に行ってしまうのです。

ですから玄関に出しておく靴は「ひとりにつき一足まで」（四人家族だったら、四足まで）にして、他の靴はきちんと靴箱に整理整頓してしまっておきましょう。

ポイントは**「玄関の『土間のスペース（たたき）』が見えていること」**。このたたきの「すっきり感」が大切なのだとか。

他にも**「玄関を明るい雰囲気しておくと、お金の神さまが入りやすい！」**ということがわかりました。例えば「玄関に明るい色のラグマットをしく」「玄関にアロマやお香など

よい香りをただよわせる」「玄関に日が入らず暗かったら、いつも照明をつけて明るくしておく」。そんなお話をよく聞きます。

「お金の神さま」も人と同じように、「玄関」から入ってこられるそうです。トイレとか別のところをいくらキレイにしていても、玄関がごちゃごちゃしていたり、どよ〜んと暗いイメージだったら、「このお家は、なんか入りづらいなあ……」と、別のお家へ行ってしまいますよね。

人はいっぺんに、たくさんのことはできません。まずは「玄関の靴」を片付けて、明るいイメージの「つやのある玄関」を作りましょう。それでワクワクしながら「お金の神さま」をお待ちしたいものです。

お金と人に愛される魔法

靴を片付けて、「つやのある玄関」を作ろう！

アクセサリーから「つや」の力を借りる

キラキラしたアクセサリー。そう、いわゆる「光りもの」。

あなたは、普段身につけていますか？

私は数年前から、かかさず何かつけるようにしています。ネックレスとかブレスレッドとか、光る素材のバックとか、携帯ストラップとかなんでもいいのです。なるべくたくさんつけて「キラキラしたつや」が人にハッキリわかるようにしています。

昔、王様やお金持ちの人はキラキラした宝石をいっぱい身につけていました。これは、**「輝くオーラを放って、たくさんのお金や幸せを引き寄せよう！」**という想いの表れだったようです。

また「光るアクセサリー」は**「魔よけ」**にもなります。いわゆる「貧乏神」と呼ばれる邪気から、身を守ってくれる効果もあるのです。

実は、人は生まれながらに「キラキラ光るもの」が大好きです。赤ちゃんにキラキラ光るものを見せると、喜んで手を伸ばして取ろうとします。**「キラキラを見ていると心がワクワクして明るくなる！」**。そういう特性を人は生まれながらに持っているのです。

ちなみにキラキラしたアクセサリーを「なぜかつけたくない」という人は、心にこんな気持ちが隠れているようです。

「私は、目立ってはいけない！」「私は、お金持ちになってはいけない！」「私は、まだ人の後ろに隠れていいたい！」。心にそういう気持ちがあると、お金を稼ぐことや本来の才能を発揮することにストップをかけているようなもの。もういちど自分の「本当の気持ち」を見直してみたいですね。

また、どうしても「キラキラしたアクセサリーをつけることに抵抗がある！」という人は、キラキラした素材でできたポーチや小物をバッグに入れておくなどして、ちょっとずつ「キラキラ慣らし」をしていきましょう。これだけでもいままで滞っていた「お金の流れ」が、少しずつサラサラと流れるようになるのです。

お金と人に愛される魔法

「キラキラしたアクセサリー」を何か必ずつけておこう！

笑顔で何でもひきうけると、「つや」がいっきに増す

ある大富豪を取材したとき、その方がこんなふうに言っていたんですね。

「一生、お金に困らないコツはね、〝汚れ役〟を嫌がらずにすることです」

例えばＰＴＡの役員とか、掃除や汚れる仕事など、みんながイヤがるような仕事や役割を自らすすんで笑顔でひきうける人に「金運」が集まると言うのです。

ちなみに「トイレ掃除」はその最たるものだと、その大富豪はおっしゃっていました。

「なるほど～！」と、私はこれを聞いて、とても腑《ふ》に落ちたんです。

だから「トイレ掃除をすると金運が上がる！」と多くの方が言っているのかもしれません。

また「ゆる体操」という健康体操を開発された高岡英夫さんの「トイレ掃除」にまつわるお話にとても感動したので、抜粋してご紹介します。

人間にはきれいごとでは済まない部分がたくさんあります。

オシッコやウンチを排泄するという行為はまさにそれです。

ところがいまの社会ではそうした自分の汚いところに自分自身で触れず、避けて通ろうとします。

「きれいごとで済ませ、汚いものにはいっさい触れない」

そんな生活を子どものころから送っていると、汚れることを嫌い、汚いものを許せなくなり、人としてのバランスが失われていきます。

汚いものに積極的にかかわる「トイレ掃除」は、心のバランスを取り、心をゆるめる効果があります。人としてのバランスも取れ、周囲との人間関係も良くなっていきます。例えば、会社で部下の失敗やミス、無責任な行動にでくわしたときでも、心に余裕があればカッとならずに済みます。「トイレ掃除」をしている人は心のバランスが取れているので、寛容になれるのです。

『人生、ゆるむが勝ち』（マキノ出版）よりこれを知って、私は深く納得しました。考え方が偏り、余裕がない心で生きていると、ちょっとした出来事でカッとしたり、人とかかわるのがイヤになってしまう。そうなると、人からも、お金からも愛されませんよね。顔から「つや」も消えてしまいます。「トイレ掃除」はこうした偏った心のバランスを整えてくれるのです。

トイレ掃除にかぎらず「これって汚れ役かも？」と思うことがあったら、できるかぎり積極的にかかわってみることも大切です。

ただし、それをすることで心がモヤモヤするなら、無理にやらない方が良いですね。「無償の愛」で楽しくできることが優先です。

お金と人に愛される魔法

みんなが嫌がることこそ、積極的にやってみよう！

自分をさげすんでばかりいると、顔から「つや」がなくなる

とっても「いい人」なのに、自分のことをさげすんで言うことがクセになっている人っていいます。「謙遜する」とか「かわいげのあるジョーダン」とかそういうレベルを超えてしまって、「なんで、ここまで悪く言うんだろう」と感じさせるほどの言い方をするのです。

例えば、「私なんて、もうババアだからさあ」「どうせ、いつまでたってもぺーぺーだ」「うちは貧乏だからさあ」「私だけ神さまから見放されているような気がするの」などなど。

この「さげすむクセ」は、ご本人はちょっとふざけて言っているのかもしれません。もしくは「自分はこんなに大変なんだよ」と、誰かにわかってほしくて言っているのかもしれません。

しかし、自分をさげすんで言えば言うほど、その「言葉」は残念ながら宇宙に何度も届

いています。そして**「ますます自分をさげすまなければいけないような出来事」**を引き寄**せてしまっているんです。**そのことに一日も早く気がつきたいものです。

「自分をさげすむこと」は運勢を悪くするだけにとどまりません。「一生懸命、働いているのになぜか、お金が入ってこない」。もしくは「お金が入ってきても何かトラブルが起きてすぐに出ていってしまう」「仕事がなかなか見つからない」「顔につやがなくなって、カサカサしてくる」。このように、自分をさげすんでばかりいると、「金運」や「運気」に強く影響が出てきます。

それはどうしてでしょうか？

「お金」は自分をさげすむ人がキライだからです。

たとえ、自分に自信がなくても、自分のことを絶対にさげすんで言わないこと。「卑屈《ひくつ》な波動」こそ、お金がもっとも嫌うものです。

どんなときも、こんな言葉を口ぐせにしましょう！

「私って、恵まれているね」「私って、すごいなあ」「私って、守られているよね！」「私たちって、ツイてるね！」「次は、きっとできるよね！」「必ず、やれるようになる！」「この調子、大丈夫、大丈夫♪」……こんなふうに、**自分を高める言葉や心につやを出す言葉を**

好んで使っている人は、お金からとても愛されるのです。

そういう人のところに、お金は自然と集まっていきます。「お金さん」にもちゃんと意志があり、そういう人に自分（お金）を使ってもらいたいのですから。

あなたがもし、お金（経済）のことで困っていたら、「自分をさげすむ言葉」を使っていないか、自分のふだんの言葉を見直してみてください。自分に対して「愛のある言い方」ができるようになったとき、あなたの金運は飛躍的に上がっていくのです。

お金と人に愛される魔法

自分に対して「愛のある言い方」をしよう！

貧乏神は「つや」が大嫌い

あなたの周りにこんな人はいませんか？

「愛のある言葉を話しましょう」とか、「目の前の人に親切にしましょう」とか、そういった「心の話」は大好きなのに、なぜか「お金の話」になると「私、お金のことはよくわからないから……」と、急に話題を変えようとする人がいるのです。

そういう人はよく、こう言っています。「私、お金より、友だち（家族）のほうが大事だから」（お金と何かを比べるような発言をする）。「目の前のことを楽しんでいれば、お金って後からついてくると思っているから」（これはホントのことですが、それを「言い訳」にして「お金のこと」から目をそらそうとする）。

このように**「なぜかお金の話をイヤがる」という人の多くに、「貧乏神」という邪気がついていることがあります。**

「貧乏神」がつくと、必死でその人が「豊かになること」や「成功すること」を阻止しようとします。なぜなら「貧乏神」はその人が豊かになったとたん「そこに、いられなくなってしまう」のです。

そのため、「豊かになる話」や「お金に愛される話」が出てくると、「見えない世界」では、「貧乏神がその人の耳をふさいでいる」そうです。

世の中には「霊が見える」という人がいますが、「貧乏神が人の耳をふさいでいる姿がハッキリと見えた」という話を聞いたことがあります。そのため、耳をふさがれた人は「お金の話」に意識がいかなくなったり、「お金の話」になるとなんとなく罪悪感を感じたり、なんだか妙に居心地が悪くなるのです。

「貧乏神」がとりついている人は「お金の話をイヤがる」ほかに、「部屋の中をごちゃごちゃにしていて、それを整理しようという気力が出ない」「自分の部屋や慣れ親しむ場所から出たがらず、行動することをイヤがる」という状態になります。

とりわけ「つやを出すのをイヤがる」というものがあります。顔につやを出すこと、髪につやを出すこと、靴につやを出すこと、ピカピカのアクセサリーをつけること……これをなぜか極端にイヤがるようになります。

私の知人で「自分には以前、貧乏神がついていたと思うの」と正直に「自己申告」してくれた人がいました。その人はこんなふうに当時の心境を教えてくれました。

「とにかくつやを出すことが恥ずかしかったの。『顔につやを出すといいんだよ』って教えてもらっても、クリームやオイルを顔につけるのがものすごくめんどうくさいし、顔につやを出した自分を鏡で見ることも恥ずかしくてできないの。それから、ピカピカ光るアクセサリーを手のひらの上にちょっと乗せただけで、いたたまれないほどの恥ずかしさ。そういうモノを見ると、逃げ出したい気分になるの。

当時、私は本当にお金に困っていたのね。ダンナは働かないし、私がパートで稼いだわずかばかりのお金が入ってきても、ダンナがギャンブルで使ってしまったり、子どもやダンナが事故に頻繁にあって、その治療費や入院費で、すぐになくなってしまう。当時の私の顔はパサパサでこふきイモみたいに粉がふいていた。髪の毛もバッサバサでつやなんてありゃしない。靴もドロまみれだったり、靴の皮がところどころはがれていた。そんな姿でも、まったく平気だったの。あのとき、私にはたしかに『貧乏神』がいたんだと思うのよ」。

私はこのショーゲキ的な話を聞いたとき、しみじみ思いました。

「つやを出すのが恥ずかしかったり、おっくうになったら『ワタシ、貧乏神がいるな!』と疑ったほうがいい」と。

ちなみに彼女はその後、恥ずかしさを克服して「顔につや」を出し続け、新たに始めた商売がちょっとずつ、軌道に乗っていったそうです。

そしていまでは、顔もツヤツヤで髪もきれいにブロウされています。靴はピカピカのまっかなハイヒール。そう「貧しかった昔の彼女」からは想像もできないほど、豊かで幸せな人生を歩んでいます。

自分のみなりにかまわなくなり、顔に「つや」を出すのがイヤになったら、要注意ですね!

お金と人に愛される魔法

顔に「つや」がなくなったら、「貧乏神」がいることを疑おう

お給料には「問題のりこえ費」も含まれている

いま、自分が手にしている「お給料」。これには、必ず「給料明細」というものがあります。

たとえば私だったら、「書籍原稿作成費○○円」「月刊誌作成費○○円」というようなもの。どの仕事にいくら支払いされているのか、それを見るとパッとわかるのが「給与明細」です。

さて、ここからが「幸せなお金持ちになるためのポイント」なのですが、ある幸せな大富豪の人が、こんなことを言っていました。「この『給料明細』には、見えない項目があるんだよ。それは、『問題のりこえ費』なんだよ」。

お給料が高くなればなるほど、この「問題のりこえ費」というものも高くなる。言ってみれば出世すればするほど、仕事でかかわる人も増えていきますよね。人が多くなればなるほど、「人間関係の問題」というのは数多く発生するようになっているそうです。

そこで発生した「人間関係」の問題を、**バッサバッサと解決して、つやのある顔で次々とのりこえられる人に、より高いお給料が支払われる！**

神さまが決めた「お金の流れ」は、そういう「しくみ」になっているそうです。


ですから、いま仕事でいろいろな問題が発生して大変な人は、「これは、神さまからのお試し試験が始まったんだな！」と気付いてください。

そして、その問題を「バッサバッサと解決して、つやのある顔で次々とのりこえられる人に、より高いお給料が支払われる！」……この流れをぜひ思い出したいものです。

お金と人に愛される魔法

目の前にある問題をバッサバッサと解決して つやのある顔でのりこえよう！

世の中には「お金の流れる川」がある

つやを出して「幸せなお金持ち」になるために、こんなイメージをすると、「お金の性質」がわかりやすくなると思います。

斎藤一人さんの教えで、「この世の中には、お金の流れる川がある」という言葉があります。

私は、この例えは本当に頭の中でイメージしやすいなあ、と思っています。お金というのは、「川のようにいつもサラサラと流れていて、ひとところにとどまらない水のような性質」があるんですね。「お金は常にサラサラと流れ動くもの」……そうやって考えてみるとなんだかワクワクしてきませんか？

なぜなら、「いまお金があまりなくても、あわてなくていいんだ！　私の目の前にも必ずサラサラとお金が流れてくるのだから。しっかり受け止める方法を学んで、いまからでも川の水を手ですくえるようになればいい」。そういうイメージができるからです。

そんな「お金の川の流れ」をせきとめてしまうのが、**「不安」や「焦り」**です。

人生ではときどき「いままで順調だったことが、ある日突然くずれること」があるんです。

例えば、

- 最近、売り上げがだんだん下がってきた。
- 収入が前年度より減ってしまった。
- リストラにあった!!
- 家族や自分が病気になって、入院費や介護費など、お金が必要になる。

そういった問題が突然起こると私たちは「そんなこと、思ってもみなかった!」とパニックになります。「わあ、これから、どうしよう、どうしよう……」とお金の不安やどうしょうもない焦りで頭のなかがいっぱいになってしまう。

その気持ち、とってもわかります。誰だって、そういう事態に直面したら、そうなります。

しかし、頭や心の中が「不安」や「焦り」でいっぱいになると、体の「気の流れ」も乱れてしまいます。よく、不安になると、お腹が痛くなったり、頭が痛くなったりするのはそのせいなのです。

そして、体の調子が悪くなるだけでなく、あなたのところに流れてくる「お金の川の流れ」をせきとめてしまうことになります。

いま心の中が「不安」や「焦り」でいっぱいになっているのなら、頭の中で「お金の川の流れ」がサラサラと自分のところに流れてきているところを思い浮かべてください。そして、その川の流れに手を伸ばし、つややかに輝くあふれるほどの「恵みの水」をすくっているところをイメージしてみてください。

この「イメージ法」をしていると、なぜか心が落ち着いてきます（実際に川の近くに行って、川がサラサラ流れる音をBGMとして聞きながらやると、ますます効果的です）。

あなたの心が落ち着いた瞬間から、また「お金の流れ」は必ず、あなたのところに流れてきます。

お金と人に愛される魔法

「お金の川」に手を伸ばし、水をすくっているところをイメージしよう！

お金の使い方には「生き金」と「死に金」がある

お金って「どうやったら、もっとたくさん入ってくるかな?」ということをたくさん考えがちですが、実は「お金の使い方(使い道)」のほうがもっと大切なのです。

どういうことかというと、お金の使い方には「生き金(いきがね)」と「死に金(しにがね)」のふたつがあると言われています。

「生き金」というのは、自分が「楽しい!」「うれしい!」「幸せだなあ!」「これを買えて良かった!」「このことに使って良かった!」……そう思えることに使ったお金のこと。

「生き金」を使うと、お金はその人のところに何倍にもなって帰ってきます。また、ツキや幸せもますます増えていきます。

その逆に「死に金」というのは、ほしくもないものを「安いから」という理由だけで買ったり、衝動買いしたけれど結局使わないまま放置していたり、行きたくないところに付き合いでイヤイヤ参加したり、そういう「望まないで払ったお金」のことをさします。

「死に金」をできるかぎり減らして、「生き金」を増やしていくこと。これが「幸せなお金持ち」になるためにもっとも大切なお金の使い方です。

ちなみに「高価なもの」がむしょうにほしくなったり、「なんでもいいから買いたい！」「とにかく、お金をパーッと使いたい」っていう気持ちになるときって、ありますよね。

例えば、高いシャンパンがどうしても飲んでみたくなったり。フカヒレとかキャビアとか、高級な食材がむしょうに食べてみたくなったり。ブランドの洋服を何枚も何枚も、借金してでも欲しくなったり。

そういうとき、あなたの本心が「本当にほしい！」「これは本当に必要！」と思っているならいいのです。

でも、他のものを欲しているとき、例えばそれが「愛情」だったり、「自己重要感」（自分は人から必要とされている大切な人間だ、と思う気持ち）だったり、「大切な仲間とのきずな」だったり……。そういうものがほしくても得られないとき、私たちは「やたらと高価なもの」を欲する傾向にあります。

心につやがなくなると、一時的に気力が停滞します。

その「心のつやのなさ」を補うために「高価なものを取り入れて、心につやを出したい！」。そんな衝動が湧いてくるのです。

せっかく高いお金を出して買ったのに、「あの買い物は死に金だった……」と後悔することもあります。そんなふうにならないよう、お金を払う前にもういちど考えてから、お財布を開きましょう。

お金と人に愛される魔法

お金を払う前に「生き金」か「死に金」かもういちど考えてからお財布を開こう！

宇宙の流れに乗る「お支払いの法則」

お金って、自分のところに入ってきたときは嬉しいものですが、お金を「払うとき」、なんだか「シブシブになってしまう」っていうこと、ありませんか？

例えば、光熱費とか、子どもの学費とか、何かの会合費とか、税金とか。「はー、なんでこんなに高いんだろう」「このお金を出したら、財布の残りがいっきに少なくなってしまう」。そんなふうにシブシブになってしまう気持ち、よくわかります。

ところが「宇宙の法則」で言うと、「払う」という行為は、お金を引き寄せる上でもっとも強いパワーを発すると言われています。

「払う」ということは、神社の「おはらい」などと同じで「祓《はら》う」（邪気をはらう）という意味を持っています。だからこそ、光熱費や子どもの学費、会合費、税金などの「通知」がきたら、できるだけすばやく、快く「お支払いさせていただく」。そうやってスムーズに「お支払い」をしていると、あなたやご家族の邪気も一緒にはらえて、心につやが出てくるので「お金の流れ」がグーン！と良くなっていくのです。

そういえば私がいままで取材してきた「幸せなお金持ち」と呼ばれる方々は、みなさん、「お支払い」がとてもスムーズでした。

必要なお金に対しては心地よくお支払いをしていたし、お金を払う係の人にも「いつも、ありがとうございます」と、にこやかに丁寧に接していらっしゃいました。税金の通知の封筒や用紙でさえも、くしゃくしゃにならないように大事に扱っていたし、お金を払った後は、ますますお顔がツヤツヤになっていました。

こういう「小さなつみかさね」って、誰も見ていなくても天は見ていますよね。「日々のお支払いをスムーズに丁寧にする人」に、臨時収入や「良きこと」がどんどん起こる！そんな「お支払いの法則」がたしかにあるのです。

お金と人に愛される魔法

必要な経費は、心地よく早めに支払おう

たくさんのお金を「つや銀行」に預けている！

「私って、お給料が少ないよなあ」「貯金が、同じ年の人に比べて、少ないから恥ずかしい」。そんなふうに「私は、お金がない……」という思いを常に感じていると、「ますますお金がない現実」を引き寄せてしまいます。

「引き寄せの法則」っていうのはとってもシンプルで、自分が「いつも思っていること」と同じことをひっぱってきます。

つまり「私って、貯金が少ない」と思っている人には、「ますます貯金がなくなる現実」がやってくるのです。「私って、貯金がいっぱいあって豊かだなあ！」と思っている人には「ますます豊かさが増えていく現実」がやってくるのです。

このすばらしい「引き寄せの法則」は、どんな人にも等しく働きます。豊かになるには「私はお金がない」と思うのではなく、「私はいま、すでに豊かなんだ！」と信じ、その想いを宇宙に向かって放出することです。

いま、あなたの手元にお金がなくても、**宇宙には「つや銀行」というものがあり、ありあるほどの巨万の富があります。**そして、あなたが顔に「つや」を出していつもニコニコしていると、あなたの頭の上にある「パイプ」（ストロー）とつながって、あなたが必要なときにちゃんとお金は流れてくるようになっているのです。

朝、起きたときに、「今日も、宇宙の『つや銀行』には、ありあまるほどお金が入っている！」。そのイメージを毎朝、思い描いてから会社に行きましょう。

お金と人に愛される魔法

「つや銀行の口座には、ありあまるほどのお金がある！」と思っていよう

「お金の問題」には深い意味がある

この話は「上級者向け」と言いますか、ちょっと難しい話になるかもしれません。

いま、「お金の問題」で相当に悩んでいる人が、この本の読者の中にもいることでしょう。

例えば、
● お給料や売り上げがガクン！と減った。
● いままで夫に経済的に支えてもらっていたけれど、自立せざるをえなくなった。
● いままでの仕事に対して、なぜか「やる気」が起きなくなった。
● 誰かに嫉妬され、足をひっぱられて、仕事を失ってしまった。
などなど、「うわあ、困ったなあ……」と思っている方。

しかも、いままで浪費グセがあったり、ムダ遣いをしたのではなく、「お金に対してきちんと向き合ってきたつもりだったのに」という方。いまからお話することは信じられないかもしれませんが、ぜひ知っておいてください。実は、「お金のこと」に関してこんなルールがあるのです。

「お金に対してきちんとやってきた人に、なぜか『お金の問題』が突然起きるのは、『あなたの人生はこれから大きく飛躍していきますよ！』という天からのメッセージ」

この世には、いっけん「問題」に見える「修行」（試練）というものがあります。「人間関係の試練」「恋愛の試練」「家族の試練」など、いろいろなものがありますが、中でも「お金に対してきちんとやってきた人になぜか起こった『お金の試練』」というものは「浄化の最終段階」に起こります（ギャンブルでお金に困ったり、働くことをイヤがったり、ムダ遣いで起きた「お金の試練」とは質もレベルも違います）。

例えて言うなれば「魂の上級生」になって、**「さあ、いよいよ、たくさんの人の幸せのために、前に出るときがきましたよ！」**というときに、「お金の問題」が発生するのです。

それは、それができる力や魅力、才能があるにもかかわらず、「前に出ること」を躊躇《ちゅうちょ》している人に起こります。「お金の問題」が起こると人は「もう、出るっきゃない！」「もう、やるしかない！」「もう、前に進むしかない！」……そんな気持ちになるでしょう。そのためにも宇宙や神さまは「お金の問題」というものを起こしてくださるのです。

実は「お金の問題」は、もっともパワーが必要で自分の「カラ」を破らないと解決できないようになっています。いままで誰かに頼っていた「お金の問題」を、自分で解決する「知恵」を生み出し、それを実践することで、「ああ、私が本気になればできないことはないんだ！」という気持ちを実感するために起こるのです。

それと同時に、「お金の問題」を乗り越えたとき、あなたの顔にはいままで一番の「つや」が出て、「ずっと夢見てきたこと」が叶うようになっています。私が取材してきた成功者やセレブや大富豪たちは、みんな最終段階に、この「お金の問題」を乗り越えてきました。

もし、いま「お金の問題」にぶつかっているのなら、「私の人生が、これから大きく飛躍する合図かもしれない！」……そう思ってワクワクしながらその問題ときちんと向き合っていきましょう。

お金と人に愛される魔法

「私はこのことで大きく飛躍する！」とワクワクしながらお金の問題を乗り越えよう

chapter 2

「つや」で、臨時収入がぐんぐん増える！

「つやのある人」には、なぜか不思議な臨時収入が入る

とある「大金持ち」の方（女性）を取材させていただいたときの話です。そのとき、その方がこんなことをおっしゃっていたんです。

「私は、人にお金を貸さないけれど、すごくいい人がお金に困っていたら『応援料』として、お金をあげることがある。そのときに、自分がどんな人にお金をあげるかというとね、ひとことで言うと『顔につやのある人』なのよ」

私は思わず、質問してしまいました。「なぜ、顔につやのある人に、お金をあげるんですか？」。すると、その大金持ちの女性はこう答えたのです。

「私が稼いだ大切なお金を誰かにあげるときは、**『この人にあげたら、きっとお金を生かしてたくさんの人を幸せにしてくれるだろう』**っていう人を選びたいの。そういう人を選ぶとき、顔色がパッと明るくてピカッとつやがあると『ああ、きっと、この人だったら、やってくれるだろう！』っていう気がするのよね」

なるほど！　私は深く納得しました。

「外見」というのは、実はとっても大切なんですね。なぜかと言うと、いくら性格が良くて、すばらしい人物であっても、しばらく付き合ってみたり、ゆっくりお話をしてみないとその方の性格はわかりません。ところが「成功する人は、顔につやがある！」。この「つやの法則」を知っていると、パッと一瞬見ただけで、その人の持っている「人から愛される魅力」「何か、すばらしいことをやってくれそうなオーラ」を見分けることができるのです。

その大金持ちの女性はこんなことも言っていました。「あのね、顔につやがある人ってね、人に対して、ヘンなことしないの。人の気持ちをほっとさせたり、なごませたりして、世の中を明るくすることを必ずしてくれるのよ。**顔につやがあるっていうことは、『この人は神さまのお手伝いをして、世の中を良くしていく人』っていう意味でもあるんです。**私はそういうことも経験上知っているから『顔につやがある人にお金をあげる』って言ったのよ」。

ちなみに「顔につや」を出し始めると、なぜか「臨時収入」が続々と入ってくるようになります。人から思わぬ「お小遣い」をいただいたり、人にごちそうしていただいたり、人からお菓子をいただいたり、野菜をいただいたり……。そういったことがたて続けに起こるようになるのです。

ただ顔につやを出しただけなのに、ものすごく不思議な現象ですが、そういう「つやの法則」があるのです。

私はこういう話を聞くたびに、いつも顔に「自然なつや」があるかどうか鏡で頻繁にチェックすることが習慣になりました（笑）。

お金と人に愛される魔法

顔に「自然なつや」があるかどうか、鏡で頻繁にチェックしよう！

（つやがなければ、オイルかクリームをつけて「つや出し」をしよう）

「臨時収入」には深い意味がある！

あなたはこんな経験はありませんか？

「どうしてもほしいものがあるけれど、手持ちのお金が足りなくて、買えない！」

「どうしても習いたいものがあるけれど、貯金がなくて、習えない！」

「どうしても行きたい場所があるけれど、お金がなくて、行けない！」

こんなときに、**びっくりするほど絶妙なタイミングで「臨時収入」があったことはありませんか？**

それも、**「自分がやりたいことができる、ぴったりの額」**が入ってくるのです。

そのほかにも、「思いもかけない人」からお金をもらう場合もありますし、「保険が満期になって」戻ってくる場合もあります。

中には、「本棚を大掃除のためにどかしたら、裏から忘れていた貯金通帳が出てきた！」

なんていう場合もあります。

この「不思議な臨時収入」には深い深い意味があるのです。

それは「宇宙や神さまからの応援」だということ。

神さまが**「あなたのやろうとしていること、それ、いいよ！」「あなたのこと、いつも守っているからね」「お金のことは心配しなくていいよ」「このままの志で進みなさいよ！」**という「メッセージ」を伝えるために、わざと「自分がやりたいことができる、ぴったりの額」をくださるのだそうです。

この臨時収入の額が多すぎたら、あなたはその「神さまのメッセージ」に気付きません。この臨時収入の額が少なすぎても、あなたはその「神さまのメッセージ」に気付かない。

あなたにだけ、ハッキリわかるように神は「不思議な偶然」を起こしてくれる。

こういうのを「奇跡」って言うのでしょう。

あなたのやりたいことに対して、絶妙なタイミングで「自分がやりたいことができる、ぴったりの額」が入ってきたら、それは神さまからの「それって、いいね！」という応援だということに気付いてください。

「神さまの応援」に気付くようになると、あなたはますます「つややか」になり、「大きなお金の流れ」ができるのです。

お金と人に愛される魔法

ぴったりの額の「臨時収入」があったら「宇宙や神さまからのメッセージ」だということに気付こう！

「臨時収入」から始まる「神的お金のステップ」

ある日、突然、思いもかけないところから「臨時収入」が入ってくることがあります。「臨時収入」っていうのはお金で入ってくることもありますが、そのほかに以下のようなことも大きなくくりで「臨時収入」です。

- 人から、野菜やお菓子、生活用品などの差し入れをいただくことが多くなる。
- ごちそうになる機会が多くなる。
- 「ほしいなあ」と思っていたモノをぴったりのタイミングでプレゼントされる。
- 本棚の後ろやしばらく使わなくなったバッグの中から忘れていた「貯金通帳」や「商品券」が出てきた。
- 「これにお金がかかるなあ……」と思っていた出来事に対し、なんらかの理由で、お金が必要なくなった。

こういうことが起きてきたら**「あなたの『つやセンサー』が上がっていますよ! それにともない、金運も上がっていますよ!」**という「神さまからのサイン」です。

そして、その次にやってくるのが**「たのまれごと」**です。どういうことかというと、あなたの得意なことで「ぜひ、これをやってほしい!」というお願いが、誰かから入ってきます。

その「たのまれごと」を楽しくやっているうちに、いつしか自分の「天職」と思えるような仕事につながります。そして「天職」をやりはじめたとたん、「大きなお金の流れができる」……このような「神的お金のステップ」があるのです。

「最近、臨時収入が増えてきたな〜!」と感じたら、あなたの最近の「行動」や「思い」に対して、神さまが「それって、いいね!」というボタンを押してくださっていると思ってください。

お金と人に愛される魔法

「臨時収入」の次にやってくる「たのまれごと」をワクワクしながら待っていよう!

現金以外の方法でも、豊かさは届いている

例えば「いま使っているフライパンに傷がついちゃって目玉焼きが上手に焼けなくなっちゃった。新しいフライパンがほしいな～」と思っていたとします。

その日、たまたま逢った友だちが「うち、いま、新しいフライパンがいっぱいあるの。あなた、ひとつ、もらってくれない？」と絶妙なタイミングであなたに持ってきてくれた。

このように**「とってもタイミング良く、必要なモノがあなたのところに流れてきたとき」**。それも、神さまからの大切な「臨時収入」です。

実は、神さまは私たちに毎日のように**「現金以外の方法も使って、豊かさを送ってくれている！」**のです。これは、どんなに「ささいなこと」でも一緒です。

「なんか、甘いものがほしい。洋菓子的なものが食べたいなあ！」と思っているときに「レーズンサンド」をひとつもらった。「顔がカサカサして、困っちゃう」と思っていると

きに「クリーム」の試供品をもらった。このようにあなたが何かを「ほしい！」と思ったり、あなたが何かで困っているときに、絶妙なタイミングでその「モノ」がやってくるときは、あなたは「お金さん」に愛されていて「運気につやがあるとき」です。

そのことに感謝するようになると、あなたの「お金の流れ」はますます良くなっていきます。「現金以外の臨時収入」に敏感になって、「ああ、ありがたいなあ！」と、いただいたことに大いに感謝していましょう。

お金と人に愛される魔法

「現金以外の臨時収入」に感謝をしよう！

使わないで済んだお金も「臨時収入」

「お金を使う予定で準備していたのに、使わないで済んだお金」というものがあります。

実は、こういうお金も「臨時収入」に含まれています。

例えば、お子さんの学費としてお金を貯めていらっしゃった方がいたのですが、そのお子さんが、「予想外」に優秀な成績をおさめて、「特待生」になって学費が免除されたという方がいました。こういうケースも神さまからの「臨時収入」と言えます。

それから、

- 「お金がかかるイベント」がなんらかの理由で行く必要がなくなった。
- 払う予定だった「家賃」が、誰かと一緒に住むことで、家賃をシェアして半額になった。
- 払う予定だった「治療代」が、病状が良くなり払う必要がなくなった。
- 何か必要なモノを買いにいったら、たまたまそのお店がＳＡＬＥをしていて、半額でゲットできた。

こういったケースも、実はすべてすべて「臨時収入」と言えます。**「このこと」に気付くとあなたの「金運感度」は大きく上がります。**そのため「お金の好循環」が起きて、あなたの「臨時収入」も、通常の収入もますます増えていく流れに入ります。

タイミングよく回ってきたモノも、「払わなくて済んだお金」も、「臨時収入」というくくりでカウントして見てみましょう。そして時間のあるときに「今月はこれだけ臨時収入があった！」と「金額」として計算してみましょう。

こうやって計算してみるとあなたは多くの「豊かさ」を神さまから流していただいていることに気付くでしょう。

そのことに気付いた瞬間から、あなたの心には、ますます「つや」が出ていくのです。

お金と人に愛される魔法

この一ヶ月間で「払わなくて済んだお金」がどれくらいあったか計算してみよう

「臨時収入」を増やす魔法の言葉

ある幸せな大富豪から教わったことなんですが、この世には「臨時収入が増える魔法の言葉」というものがあるのです。そんなふうに聞くと、誰もが「教えてほしい！」と思うでしょう。その「魔法の言葉」とは、驚くほどシンプルでカンタンなひとことだったのです。

それは、「よかったね！」。

「なーんだ、そんなカンタンなこと？」と拍子抜けした人もいると思います。でも、ちょっと待ってください。「幸せな大富豪」から教わったことをきちんと理解すると、その深い意味がわかると思います。

いままであなたの周りで「臨時収入」が入ってきた人がいたことでしょう。そういう人に対して素直に純粋な思いで「よかったね！」と一緒に喜べた人は何人ぐらいいたでしょうか？

一緒に喜んであげたい気持ちがある一方で、自分の「金運のなさ」や「努力がむくわれない思い」を考えてしまうと、「あの人に、なんだか差をつけられてしまったなあ」というような気持ちになることがあると思います。「なんであの人ばっかり、いい思いするの？」「神さまってズルい！」……人はそんなふうについつい思ってしまいます。

また、あなたの周りで「不労所得」をもらっている人はいませんか？

「不労所得」いうのは「働かなくても入ってくるお金」のこと。

例えば、親や兄弟からお金をもらっているとか、ネットを利用したアフィリエイトでお金が入るとか、その人が持っている土地とかアパート、マンションの家賃収入とか。こういう「不労所得」をもらっている人に対して、「働きもしないのにズルい！」「こっちは汗水たらして働いているのに」と思ってしまったことはありませんか？

また、あなたの会社で「あまり働いていないのに、高いお給料をもらっている部長さん」がいたとします。こういう部長さんに対して「ろくに働きもしないのにズルい！」と思ってしまったことありませんか？

実はこの**「ズルい！」**という思いは、宇宙にしっかり発信されているのです。しかも

「私は、臨時収入や不労所得を認めません！」（私は、臨時収入や不労所得はいりません！）という「合図」となって発信されているそうです。

幸せな大富豪は、こんなことを言っていました。「一生懸命働いていたり、一生懸命節約したりしているのに、なかなか豊かになれないのは、この『ズルい！』という思いが原因なんだよ」。この「ズルい！」という発想を転換することが「豊かな波動」への第一歩なんだ、と大富豪は言っていたのです。

周りの人に何かいいことがあったとき、「よかったね！」と、一緒に喜んであげること。

カンタンな言葉ですが、実は、どんなときもたやすくできることではありません。自分も物事がスムーズに行っているときや、自分にもいいことがたくさんあるときは、人と一緒に喜ぶこともできるでしょう。

でも、何かに煮詰まっているとき、体調が悪いとき、疲れているとき、悩んでいるとき、家族の具合が悪いとき……。そういうときに、幸せそうにほほを染めて「喜び一色！」の人の話を最後まで聞き、「よかったね！」と言ってあげることは、なかなか難しいとも言えます。

しかし大富豪はこんな話を教えてくれました。臨時収入があった人の幸せを一緒に喜んで「よかったね！」と言ってあげた瞬間に、その言葉を口にした人の「波動」が変わるそうです。**心の器が大きくて、豊かで余裕のある「つやのあるお金持ちの波動」へといっきに変わってしまうのだとか。**だからこそ、「よかったね！」と一緒に喜んであげた人に、その人に不思議な臨時収入が続々とやってくるのです。

生きていると、いろんなことがあります。自分がお金に困っているとき、焦っているとき、幸せそうな相手の話を聞いていると、「なんで私は……」と嫉妬や自分への無価値観を感じて、心のつやを失いそうになるかもしれません。

でも、そういう感情を超えて相手と一緒に幸せを喜んだとき、あなたにびっくりするような臨時収入が次から次へとやってくるのです。

お金と人に愛される魔法

臨時収入があって喜んでいる友人に「よかったね！」と一緒に喜ぼう

大富豪から教わった「ごちそうの法則」

あなたは人に「ごちそうすること」ってありますか？

例えば、レストランでご馳走することもありますし、親しい人を自宅に招いて手料理を食べてもらうこともあるでしょう。お菓子や果物を手渡しするのも「ごちそうすること」になりますよね。

実は**「ごちそうすることが好きな人は、つやが出る！」**という不思議な法則があるのです。私がいままで取材してきた「幸せなお金持ち」や大富豪の人は、やはり「ごちそうすること」が大好きでした。「わあ、おいしい！」って人が喜んでくれて、おいしそうに食べるのを見るのが嬉しくてたまらない、という感じでした。

幸せなお金持ちや大富豪の人はただただ、自分が好きだから「ごちそう」をしているように見えました。実はこれは「運気の面」や「心理学の面」から見ても、とても大切な行動だったのです。なぜなら、デパ地下でおいしい生ハムをひと切れ試食させてもらって、

「これ、おいしいでしょ?」ってニコニコして嬉しそうな店員さんの顔を見ていると、「わあ、この人、いい人だなあ。この店員さんのためにこの生ハム、買おうかな?」っていうふうに気持ちが動きますよね。

自分に「いいこと」をしてくれた人に、お返しをしたくなる。これを**「返報性の心理」**と言って、「ごちそうの法則」では、この「返報性の心理」が自然と働いているのです。

不思議な臨時収入が次々とあったり、お金がいつも流れてくる「幸せなお金持ち」の人たちは、「ごちそう」をすることが大好きです。しかし、そこには「ごちそうをすると金運が上がるから!」といった損得勘定にもとづいたものではなく、**「自分が楽しいからごちそうする」という無償の愛のスタンスです。**このような人のところには自然といい人脈が広がっていきますし、「こんどは、この人に何かしてあげたい!」という応援のパワーも集まってきます。それこそが「ごちそうの法則」の魔法なのです。

ムリなく、自分のできる範囲で「ちょっとしたごちそう」を楽しく始めてみたいものです。

お金と人に愛される魔法

周りの人に「ちょっとしたごちそう」をしてみよう

お金持ちほど「トイレのつや」を大切にしている

あるアメリカの大富豪が自分のポケットマネーを使い「ものすごい調査」をおこなったそうです。

それは「貧乏人が必ずお金持ちになる方法はあるか?」と「お金持ちが、ずーっとお金持ちでい続ける方法はあるか?」。この「ふたつのこと」を徹底的に調べたそうです。

命じられた調査員たちはさまざまことを調べ、結果を発表しました。そして、「あるひとつの共通点」が見つかりました。それは**「生まれが貧乏であったか、お金持ちであったかにかかわらず、ずっとお金持ちでリッチに暮らしている人は、トイレをとても清潔に保ち、使わないときはフタをしめている」**。このような結論が出たのです。

私もいままでたくさんの成功者や大富豪やセレブを取材しましたが、その多くの方が「トイレ掃除」の大切さを切々と語ってくれました。「お金が無限に入ってくる方法がひとつだけあるとしたら、それはトイレ掃除をしっかりやることだ!」とお弟子さんに言っていた大物芸人さんもいるくらいです。

本当に「トイレ掃除」って、想像以上にすごいんです。私がいちばん最初にこのことを知ったのは、小林正観《せいかん》さんの教えでした。正観さんの教えを抜粋してご紹介しますね。

＊＊＊＊＊＊＊＊＊＊＊＊＊＊＊＊＊＊＊＊＊＊＊＊＊＊＊＊＊＊＊＊＊

聞くところによると、家事の中でいちばん敬遠されているのが「トイレ掃除」だとか。これは、大変もったいない話です。

それというのもトイレ掃除を続けていると、

●臨時収入が頻繁に入ってくる！

●仕事や商売が順調にいく！

●人間関係が良くなる！

など、いろいろ得をするからです。

なぜ、トイレ掃除でうれしい出来事が起こるのでしょうか？　なぜならトイレ掃除は「精神的なゴミ取り」に最適な方法だからです。

人が毛嫌いするような場所や汚れているような場所を、自ら進んで掃除をすることで、自分の中にある「我欲（エゴ）」「執着」「必要のないこだわり」などが消え、透明な心になっていろいろなエネルギーの流れがよくなります。お金も、ひとつのエネルギーです。だからトイレ掃除をすることでお金が入ってくるようになるのです。

『ツキを呼ぶ「トイレ掃除」』（マキノ出版）より

＊＊＊＊＊＊＊＊＊＊＊＊＊＊＊＊＊＊＊＊＊＊＊＊＊＊＊＊＊＊＊＊＊＊＊＊＊＊

なるほど、納得ですよね!!

「お金の流れ」をせきとめたり滞らせているものに、自分の中にある「我欲（エゴ）」があります。「我欲（エゴ）」とは自分勝手な決め付けやワガママのこと。そういうものが溜まると「お金のエネルギー」がすいすいと流れなくなります。

トイレ掃除をすることで自分の中にたまった「我欲（エゴ）」を流してくれるのです。

トイレ掃除はトイレにつやを出すだけではありません。あなたの心も一緒に磨き、「心のつや出し」もしてくれるのです。

お金と人に愛される魔法

トイレ掃除を一生懸命やって「心のつや」を出そう！

外でお世話になったトイレにも「つや」を出す

自分のおうちのトイレをせっせとお掃除することもそうですが「外のトイレをキレイにする」ということを習慣にしている人がいます。

私の友人でこんなことを言っていた男性がいました。

「オレ、いつも自分が使ったトイレが汚れていたら、時間が許す限りだけど、トイレットペーパーでさっと拭いてくるんだ。トイレの中に、空き缶とかゴミがちらばっていたら、拾ってゴミ箱に入れてね。なんか、これ始めてから気分がすっごくいいよ。いまでは汚れたトイレを見つけると『やったあ!!』と思うくらい」

この友人はフリーのデザイナーの仕事をしていたのですが、「外のトイレをキレイにすること」を始めたとたん、立て続けに「大きな仕事」が舞い込むようになったそうです。

ある大富豪がこんなことを言っていました。

「世の中にはトイレを汚して、そのままで出ていく人もいるし、人が汚したトイレをきれいにしてあげようという人もいる。トイレの中でやっていることって、他の人には見えないけれど、天の神さまには見えている。あなたが神さまだったら、どちらの人に、お金を流しますか？」

そうやって考えていると「トイレ掃除をする人」に臨時収入が次々とやってくる理由も、よくわかるような気がします。

お金と人に愛される魔法

自分が入ったトイレが汚れていたら、さっと片付けてこよう

玄関を光らせると、なぜか「臨時収入」が増える！

私が以前取材した、セレブや成功者から、よく「玄関を明るくするといいことがありますよ！」という話を聞きました。

例えばある有名なモデルさんはこんなことを言っていました。「玄関に明るい色のラグマットをしいているんです。そしてアロマなどで、いつもいい香りを玄関にただよわせてから出かけるんです」。私はそれまでダークグリーンのマットを使っていたのですが、このことを聞いて、明るいブルーやゴールドの糸が織り込んである、華やかな色のつやのあるマットへと買い換えました。

そして、有名な風水師さんからは、こんなことを教えていただきました。「もし、家の玄関が昼間でも暗くて日が当たらないようだったら、いつも照明をつけて明るくしておいたほうがいいですよ。玄関を明るくしておくと、臨時収入があったり、いいお仕事が入ってきたりとツキが定期的にめぐってきますので！」。私のうちはマンションで玄関は昼間でも暗いので、さっそく昼間でも照明をつけておき、玄関を明るく保つようにしました。

また、ある大富豪もこんなことを言っていました。「もし、何をやっても途中で邪魔が入ってうまくいかなかったら、玄関をしっかり掃除したほうがいい。玄関に荷物があったら、すぐにそれをどかしたほうがいい。そうすると物事がスムーズに行くようになる」。

私はこの話を聞いてからというもの、さっそく玄関に置いてあったトランクやダンボールなどを早急に片付けるようにしました。

玄関の荷物をどかして、玄関を明るく保つようにしてから、私にも大きな仕事が入ってきたり、臨時収入が続々と入ってきたりして、明らかに「お金の流れ」が良くなったように思います。

考えてみると「玄関」というのは、すべての幸運が入ってくるいちばん最初の入口です。だからこそ玄関を明るくきれいにしておくと、いい運気やツキが入りやすくなるのではないでしょうか？

お金と人に愛される魔法

玄関の荷物をどかして、明るい雰囲気にしよう

床がピカピカで「つや」があると、臨時収入がやってくる！

実は「臨時収入が多い家」というのは「ある特徴」があります。それは**「床がキレイなこと」。**絨毯《じゅうたん》やラグがしいてあるお部屋なら、キレイに掃除器がかけてあって、絨毯やラグがフカフカしている。フローリングのお部屋なら、床がピカピカでつやがある。いずれも**「ホコリやゴミが落ちていない床」**……そんなお部屋に住むようになると、「臨時収入」を次から次へと引き寄せるようになります。

なぜなら、「床」というのは家の中でももっとも「地面」に近い場所。床を常にキレイにしておくことで、「大地のパワー」をたっぷりと吸収することができます。だからこそ、その家の土台となる「金運」がみるみる上がっていくのです。

また、床が汚れていると、そこから「汚れた気」（邪気）が発生します。「邪気」に囲まれた生活していると、たちまち「汚れてとどこおった金運」となっていくのです。特に「ホコリ」というものは、私たちの金運をどんどん悪くしてしまう原因。**だからこそ「床**

掃除」や「床のぞうきんがけ」というのは金運を上げてくれる「神ごと」なのです。

昔は、子どもが掃除をお手伝いできるようになると「床掃除のやりかた」や「ぞうきんの正しいかけかた」をじっくり教えて、毎日廊下にぞうきんがけをさせたと祖母から聞きました。ピカピカ、つやのある廊下やチリひとつない床を見ると、自分の家を大切にして、丁寧に大切に暮らしているようで、住んでいる方の「人となり」が感じられます。

ちなみに、仕事が忙しくて「ぞうきんがけがなかなかできない」っていうときもあります。「ぞうきん」を濡らしたり、しぼったりするような時間がないときは、私は「ウエットティッシュ」を使って、さっとホコリを拭きとったり、床を拭いたりします。これだと時間がないときにスピーディにさっぱりできます。いつも、できるだけきれいな床にしておくこと。いつも、さっぱりした心でいること。それを心がけておくと「嬉しい臨時収入」があなたのお家をめがけて続々とやってくるかもしれません。

お金と人に愛される魔法

床にゴミやほこりが落ちていないか部屋のすみずみまでチェックしてみよう

洗面台掃除でも「臨時収入」が増える！

先日、あるカフェのトイレに入ったら、洗面所がびっくりするほどびしょびしょに濡れていました。こういうとき、私はできるだけペーパータオルなどで水気を拭きとるようにしています（時間が許すかぎりですが……）。なぜなら、洗面台がびしょびしょだと後から入った人が気持ちよく使えないのはもちろんですが、自分が使った洗面所をピカピカにして「つや」を出すと、金運がぐんぐん上がるのを知っているからです。

実は、こんなエピソードを聞いたことがあります。プロゴルファーの石川遼さんがゴルフ場でトイレに入ったら、必ずやっていることがあるそうです。それは「洗面所の掃除」。石川遼さんは自分が使った洗面所のゴミをとりのぞいて、洗面台の水滴を拭いて鏡をピカピカに磨いてくるそうです。石川遼さんいわく「あとの人が気持ちよく使えるようにしたいので……」。とてもステキな心がけですよね。もし、私が神さまだったら、石川さんの人柄を天から見たとき、「彼のことを絶対に応援しよう！」と思うでしょう。

実は、以前ある風水師さんからこんなお話を聞きました。「洗面所って、風水的に見ると、金運と直結している場所なんですよ」と。特に注意したいのは「洗面所の水滴」なのだとか。手を拭いたり、歯を磨いたりした後、どうしても洗面所って、びしょびしょになりますよね。そのままにしておくと、邪気（悪い気）が起こりやすく、その家の運気が下がる原因になるそうです。ですから、洗面所を使ったら水滴をこまめに拭くこと。「洗面所にハンドタオルを置いて、洗面台を使ったら、それですぐに拭いておく。このことを習慣にするといいですね」と風水師さんは言っていました。

実は、事件やトラブルがよく起こる家というのは、そろいもそろって「水回り」が汚いそうです。洗面台、トイレ、台所の流しが、すべて汚れていて「水回りがきれいな家を見たことがない」と警察の鑑識員さんが言っていたというエピソードもあります。金運を上げるだけでなく、トラブルをなくして運を良くするためにも、「水回り」はキレイにしておきたいですね。

お金と人に愛される魔法

洗面台を使ったらすぐに水滴を拭いておこう

「パジャマ」を大切にすると、臨時収入がやってくる！

あなたは寝るとき、どんな格好で寝ていますか？

「着古したジャージで寝ている」「古いTシャツと短パンで寝ている」「家着のまま寝ていて、パジャマというものがない」という方もいらっしゃると思います。

実は風水では**「人は寝ているときに運気をチャージする」**という考えがあります。私が取材した幸せなお金持ちや大富豪、セレブの人たちも、「寝るときの環境に重きを置いている」という方が多かったのです。質の良いパジャマをそろえたり、体をしめつけないでぐっすり眠れる下着を選ぶことにとてもこだわっている方がたくさんいました。

そのことをブログでお話ししたところ、いろいろな読者さんから「パジャマを変えてみた！」という報告が届くようになりました。そして、注目したいのは**「パジャマを変えてから、なぜか臨時収入が増えた！」**というご意見が続々と集まってきたのです。

「人は着ている服から運気を吸収する」と言われています。寝る前に大好きなパジャマに着替えて、その肌触りにうっとりして、「ああ、幸せだなあ！」「ああ、心地いいなあ！」というリラックスしたぜいたくな気持ち。「これでぐっすり眠って、明日も楽しくがんばろう」という気持ち。そんな心につやのある思いが、いわゆる「金運上昇」につながっているのではないでしょうか？

お気に入りのパジャマを着ていると、家に帰ってベッドに入るのが楽しみになります。そして「自分を大事にしている！」という気持ちが高まってくるのです。

エッセイストの上原愛加さんがこんなことを言っています。

＊＊＊＊＊＊＊＊＊＊＊＊＊＊＊＊＊＊＊＊＊＊＊＊＊＊＊＊＊＊＊

ある日、友人が私の家に泊りにきたときのことでした。「パジャマを貸して」と言われて私は困ってしまいました。友人に貸せるパジャマがなかったのです。あったのは、私がいつも着ていたジャージだけ。それはもう何年も使っているもので、ところどころが毛羽立っていて、絶対に「大切な友人」には貸すことができないようなものでした。

そのジャージをそっとタンスの引き出しに隠したとき、ハッとしたのです。「大切な友人」には貸せないのに……私は平気で毎日そのジャージを着て眠っている。「大切な友人」にできないことを、私は自分自身には平気でしていたのです。

『世界一！愛されて幸福になる　魔法のプリンセスレッスン』（ＰＨＰ文庫）より

＊＊＊＊＊＊＊＊＊＊＊＊＊＊＊＊＊＊＊＊＊＊＊＊＊＊＊＊＊＊＊＊＊＊＊＊＊＊

そのとき以来、愛加さんは自分自身に「とっておきのステキなパジャマ」を用意して、毎日、それを着て眠るようになったそうです。そうしたら不思議といいことがどんどん起こってきたそうです。このステキな魔法を、愛加さんは「とっておきのパジャマのおまじない」と呼んでいます。

「とっておきのパジャマ」を選んで着ることは、自分を大切にする第一歩。自分を大切にすることが運気をぐんぐん上げ、「不思議な臨時収入」につながっていくように思います。

お金と人に愛される魔法

「とっておきのパジャマ」を買いに行こう

「喜び力」の高い人にたくさんの臨時収入がやってくる！

この世には「臨時収入やいただきものがたくさん入ってくる」という人と、「臨時収入なんて、ちっとも入ってこない」という人がいます。

そこには、こんな違いがあるのです。

「小さな臨時収入」が入ってきたときに、「わあ、うれしいなあ！」「ありがたいなあ！」とめいいっぱい喜んでいると、このことがあなたのところに「さらなる臨時収入」を連れてくるのです。

実は「臨時収入」というのは、「臨時収入が好きな人のところ」に、たくさん起こるようになっています。

ちなみに、成功者や大富豪は「臨時収入」が大好きだし、何かちょっとしたいただきものをしたときなども、びっくりするほど大きく喜びます。取材のときに、私の地元・横浜の老舗洋菓子店のクッキーをある女性の成功者にさしあげたところ、「わあ、うれしい！

ここのクッキー、ずっと前から食べてみたいと思っていたのよ」と大喜びをしてくださいました。そして、「こんなにおいしいクッキー、食べたことがないわ。私の子どもやスタッフにも食べさせてあげたいわね」としみじみ言ってくださったのです。

この方はある事業で大成功した億万長者なので、クッキーなど取り寄せようと思えばいくらでもできると思うのですが、それでも**「人からいただいたら手放しで喜ぶ」**という姿勢が、とてもチャーミングで愛らしく、さしあげた私のほうが感動をいただいたくらいでした。この「めいいっぱいの喜ぶ力」が、お金を引き寄せ、運気につやを出しているのではないでしょうか？

その反対に、臨時収入が入ってきたり、いただきものをしたときも、「あまり喜ばない人」っているものです。思いもかけない臨時収入があっても、「そんなはした金、もらったってしょうがない」という残念なセリフを聞くと、なんだか周りにいる人までガッカリして、心につやがなくなってしまいます。

また、誰かに何かをもらったときも、「あ、どうも……」と会釈だけしてさっとバッグにしまってしまったり、「こんなこと、してくれなくていいのよ。次からは何にも入りませんからね」と遠慮がすぎるのも、プレゼントした人にとって残念なものです。

「臨時収入」が入ってきたら、どんなに小さな金額でも「お金の流れ」が良くなってきている喜びを噛みしめて、多少「おおげさに」喜んでみましょう。また、誰かから「いただきもの」をしたときも同様ですね。

「喜び力」の高い人に、さらなる臨時収入が連続してやってきます。ますます「お金の流れ」を良くするためにも、そのことを胸に置いておきたいです。

お金と人に愛される魔法

臨時収入があったら、めいいっぱい喜ぼう

「自分をほめる」と臨時収入が増える！

私は自分のブログで読者さんたちに「なんだかヤル気が出ないときは、自分で自分のことをほめましょう」ということをオススメしてきました。そうしたところ**「自分をほめるようになってから不思議な臨時収入が増えた！」**という報告がいろいろな人から届くようになりました。

「自分に自信がついた」とか、「周囲にやさしくできるようになった」とか、そういった報告は前からありましたが、「臨時収入が増える！」とは、いったいどういうことなのでしょうか？　たぶん、これは自分をほめていると自分の脳にできる**「ほめ回路」**というものと関係しているように思うのです。

日本人の多くは「謙虚なことはいいことだ」という国民性もあって、日常の中で自分を否定することが多く、自分に対してマイナスイメージの言葉を多く使ってきました。「どうせ私なんか」「私にはムリ」「でも、それは難しいことだし」「だって○○さんに反対されたから」。そういった自分へのマイナス言葉は脳にストレスを与え、脳のつやを奪っていきます。そして、それをずっと続けていると、脳に**「マイナス回路」**というものができてしまうのです。

この「マイナス回路」は非常にやっかいなもので、どんなことに対しても「でも」「だって」と、後ろ向きに考える習慣ができてしまうのです。これは「お金」に関することにも言えます。「マイナス回路」が脳の中にできると、お金持ちになったり、豊かになったりすることに対して、後ろ向きな発想ばかりが出てくるようになります。

「しょせん、うちらは庶民なんだから、お金持ちがやるような習慣なんてやったってしょうがない」「お金持ちになれるのは、一部の人だけなんだから」「私らずっと『貧乏ヒマなし』だ」……こんなつやのないことをしょっちゅう言っているのは、その人の脳に図太い「マイナスの回路」ができている証拠なのです。

この「マイナス回路」をうちやぶるのが、脳に「ほめ回路」を作ること！自分をほめることを習慣にして「ほめ回路」がしっかりと太くなっていくと、「マイナス回路」のほうはだんだん細くなっていくのです。

例え一〇年間ずっと「マイナス回路」が脳にあったとしても、「ほめ回路」を作るのには一〇年もかかりません。**早ければ数日、遅くても一ヶ月くらいで「自分のいいところを最大限に引き出し、ゆるぎのない自信をつける」（＝豊かなお金持ちの波動になる）という、とてつもない効果を発揮してくれるのです。**

お金と人に愛される魔法

自分への「ほめ言葉」をスケジュール帳に書きこもう

「なんだか最近、心も体も疲れているなあ……」と思うとき。いろいろなことにやる気が出ないとき。なぜかお金が入ってこなかったり、または入ってきてもすぐに出ていってしまうとき。この「停滞した流れ」を明るく軽やかにする、とっておきの方法が「自分で自分をほめること」。自分がやっている「あたりまえのこと」をほめてあげるのです。

たとえば「今日も満員電車に乗って会社に行ってえらかったね」とか。「今日も子どもに笑顔で接していいママだったね、私」とか。「自分のペースで掃除と片付けを続けていることは一番いいよね」とか。そういう自分への「ほめ言葉」を、ノートやスケジュール帳の空きスペースにちょこっと書きこむ。それだけで、あなたの脳には「ほめ回路」ができて、「豊かなお金持ち体質」になっていくのです。

「相手の心につやの出るほめ言葉」を投げかける！

私のブログの読者さんから、こんな報告も届いています。

「周りの人にほんのひとこと、『相手の心につやの出るほめ言葉』を投げかけていると、不思議と臨時収入が続々と増えるんです」。その人は「臨時収入がほしいから相手をほめた」のではなく、「相手のステキなところを見つけ、それを素直に口にしていた」ということ。

ただただ、そのことをやっていただけで、タンスの裏から忘れていた貯金通帳が出てきたり、クローゼットにしまっていたバッグを整理しようと思ったら、その中に入っていた古いお財布から現金が出てきたり……と不思議な「臨時収入」が続々と入ってきたそうです。

また、ちょうどほしいと思っていたときに人から洋服やバッグやお菓子をいただいたり、中には「臨時収入」というより、なんと取引先の人から「いままでやったこともない大きなお仕事をいただいた！」という方もいらっしゃいます。

とても不思議なのですが「心につやの出るほめ言葉」を目の前の人に投げかけていると、まるで神さまが「いいね！」のボタンを押してくださっているかのように「臨時収入」が増えるのですね。

この「心につやの出るほめ言葉」っていうのは日常の中で、ごくごくカンタンにさりげなくできること。

例えば、仕事でちょっとした荷物を送るときに荷物だけをポンと送るのではなくて、ちょっとした可愛いカードに（一筆箋とか、可愛いポストイットでもOKです）「いつも、ありがとうございます。やさしい心づかいをしてくださる○○さんのおかげで、私たちは、とても助かっています。感謝の気持ちでいっぱいです」……そんな感じでカンタンな「愛のつやメッセージ」を添えておきます。

この「心につやの出るほめ言葉」は、もらった人がうれしいのはもちろんですが、それを投げかけている人は自然と周りから応援され、不思議と「お金の流れ」も良くしてくれるんです。

私が雑誌の編集者をしていたころのお話です。

ある新人のエッセイストさんとお仕事をご一緒したことがありました。そのエッセイストさんは**「その日会った人すべてにお礼のお手紙を出す」**のです。

可愛いびんせんやハガキやカードに「今日は、◯◯さんとお逢いできて、本当にうれしかったです」「◯◯さんの着ていたカーディガンが、とってもお似合いで見惚れてしまいました」「あのお話には本当に感動しました」「◯◯さんとお逢いすると元気をもらえます」「◯◯さんにはますます、すばらしいことが起こる予感がします」……それはほんの数行なのですが、相手の人の「かわいい似顔絵」を添えて渡してくれたのです。

編集者にも、カメラマンにも、スタイリストにも、アシスタントさんにも……。とにかく、その場にいた人すべてに、そのエッセイストさんはカードを渡してくれました。

これって、もらったほうとしては、ものすごくうれしいものです。なぜならみんな「ビジネス的なお礼のメール」には慣れているけれど、こういうふうに「手書き」で心のこもった言葉って、なんだか純粋で、心の琴線に触れるものがあったのです。

みんなそのカードをしばらく机に飾ったりしていて、自然とみんなが彼女のことを応援するようになったのです。「この人のお手伝いをしたい」……そんな気持ちに自然となるんですね。その後、彼女の本はまたたくまにベストセラーになり、彼女はいまも大人気のエッセイストとして大活躍しています。

いま、目の前にいる人の「ステキなところ」を素直に口に出して、感謝の気持ちをそのまま伝える「相手の心につやが出るほめ言葉」。それはほんの小さなことですが、相手の心に潤いと感動を与え、自分の心もあたたかくなるステキな習慣です。

そして、このことを続けていると、あなたの「お金の流れ」はびっくりするほど良くなっていくのです。

お金と人に愛される魔法

今日逢った人の心につやが出るような「ほめ言葉」をカードに書いて渡そう

「臨時収入」と「徳つみ」のお話

私の友人（女性）は、あるお店の店長さんをやっているのですが、あるとき彼女の周りで「不思議な臨時収入」が次々と入ってきたことがあったそうです。

それで彼女は「みんなで臨時収入がいくら入ってきたか数えてみましょう」と思い立ったのだとか。それで、ひとりずつ自分に起きた「臨時収入」がいつ、どんなときにあったのかをノートに書き出して、電卓を使ってその「合計金額」を数えてみました。すると、ひとりずつ、かなりの「臨時収入」があったことがわかりました。

そして、もうひとつ、はっきりわかったことがあったそうです。それは「顔につやを出して、徳をつむ行動をした後に臨時収入があった！」ということです。

「徳をつむ行動」というのは、人のために何か親切なことをしたり、人の幸せを願って、情報を惜しみなくシェアしたり、人助けのために何かをすることです。このとき大切なのは「無償の愛でやること」。「これをやったら、お金が入ってくる！」とか、「これをやったら得だから！」という損得勘定ではなく、「相手が幸せになったらいいな」という、あったかい気持ちでやっていると、なぜか不思議と「臨時収入」が入ってくる。

私は友人からこの話を聞いて腑におちたことがあります。私は常々「臨時収入」は普通の収入より、「神さまの気持ちを現したもの」だと思ってきました。だって、普通だったら、入ってこないような「お金」が、絶妙なタイミングでその人のところに流れていくのですから「人知を超えた、なんらかの力が働いている」と思えて仕方がなかったんです。

友人の話を聞いて改めてわかりました。「顔につやがあり、無償の愛で、徳をつんでいる人のところに神さまはお金を流そうとしている！」。言ってみれば「顔につやを出し、無償の愛で、徳をつむ行動をしていたら、一生お金に困らない！」ということですよね。

この法則がわかったときに背中がゾクゾクして鳥肌が立ちました（良い意味で！）。

この世の「お金の法則」がハッキリとわかったような気がしたんです。「お金というものを通じて、心の成長、魂の成長を、神さまは期待している！」ということです。

お金と人に愛される魔法

純粋な「無償の愛」で、自分にできる「徳つみ」をしよう！

chapter 3

ますますつやが出る！金運習慣

餃子は金運を上げるラッキーフード！

突然ですが、あなたは「餃子《ギョーザ》」は好きですか？

私は大好物ですが、特に体をたくさん動かしたときやうんと頭を使ったとき、あと「ちょっと疲れているかな」と思うときにむしょうに餃子が食べたくなります。

焼きたてのパリパリの皮に、酢醤油とカラシをたっぷりつけていただきます（ちなみに私はラー油ではなくカラシをつけて、餃子をいただきます。これは我が家の食べ方なのですが、とってもおいしいです！）。ひとくち、餃子をかじるとアツアツの肉汁が出てきて、もうたまらない瞬間です。なぜか餃子を食べると「気つけ薬」みたいにガツン！と元気が出てくるのです。

そう思っていたら**「餃子は金運上昇のラッキーフード」**だと知りました。エッセイストのムラキテルミさんの本に、こんなことが書いてあります。

＊＊＊＊＊＊＊＊＊＊＊＊＊＊＊＊＊＊＊＊＊＊＊＊＊＊＊＊＊＊＊＊＊＊

以前、中国にくわしいグルメ雑誌の方から「餃子の形は貨幣をかたどったもので、商売繁盛や金運上昇を願う食べ物。昔は、お正月に食べる縁起ものだった」と聞いたことがあります。「お金を食べる」という発想がいかにも中国らしいと思いませんか？　それを聞いてから餃子を食べるたびに「私が食べたのは十万円？　いや百万円かも？」と楽しい想像をするようになりました。これだけでもお金持ちになったような気分になります。

『お金に愛されると絶対お金に困らない！』（ＫＫロングセラーズ）より

＊＊＊＊＊＊＊＊＊＊＊＊＊＊＊＊＊＊＊＊＊＊＊＊＊＊＊＊＊＊＊＊＊＊＊＊＊＊＊

また私が以前取材した、有名な風水師さんからも**「餃子を食べると運が上がるよ」**と聞いたことがあります。

なぜなら餃子の中に入っているのはショウガ、にんにく、ネギ、ニラなど、からだの代謝を高め、肌のつやを出し、デトックス効果（毒出し効果）のあるお野菜ばかり。だから餃子を食べると、体の中からつやつやかになり、とびきりのパワーが出て、運気も良くなるそうです。

おいしい餃子を食べてお金を呼び込むことができて、さらに運が上がるのなら、こんないいことはありません。私は、ますます餃子が好きになりました（笑）。

お金と人に愛される魔法

こんどの週末、「手作り餃子」をたっぷり作ってたくさん食べよう

金の気を上げる「ひとくちのスイーツ」

私は「甘いもの」は、普段そんなにたくさんの量は食べないのですが、食後やおやつにほんのひとくち「スイーツ」をいただきます。おいしいスイーツがあると、心につやが出て、本当に幸せな気持ちになります。

私が大好きなお菓子は、

- 「ベルン」のミルフィユ（チョコでコーティングしているパイ菓子）
- 横浜「かをり」のレーズンサンド
- 横浜「十番館」のビスカウト
- ブルボンの「ルマンド」「バームロール」

などですが、これらのお菓子は食べたくなったらすぐに食べられるように、冷蔵庫や冷凍庫にしっかり常備してあります。

さて、実はデザートって金運にも効果があるのを知っていますか？　このお話はある有名な風水師さんから聞きました。まず、「食べること」というのは、人の運気にとって、大いに影響するそうです。一日三回おいしいものを食べて「ああ、おいしかった！」と満足して、食事を終える。**この「満足した気持ち」が「金の気」（金運）を高めるそうです。**

食後にちょっとでもデザートがあると「満足感」が高まります。だからデザートをひとくちでも食べると「金の気」が集まりやすいのだとか。「チョコレートひとつぶでもいいので、デザートを用意すると金運を呼ぶ効果が高まりますよ」と風水師さんは言っていました。スイーツ好きな女子にとってなんと嬉しい情報でしょうか！

ちなみに**「シュークリーム」というのは「金運を呼ぶお菓子」**です。ふんわりふくらんだシューの中に、黄色いつややかなカスタードクリームが中につまっているところが、「金の気」を集めるそうです。私、シュークリームが大好きなので、これを聞いてとても嬉しくなりました。

あなたも食事の後、ほんのひとくちデザートを用意して、金運を呼び込んでみませんか？

お金と人に愛される魔法

おいしい「ひとくちスイーツ」を冷蔵庫に常備しておこう！

お金に愛される「ツキ金」の魔法

お金は、自分が気に入った人のところには「お友だちをたくさん連れて帰ってくる！」という話を聞いたことはありませんか？　実は、お財布の中に「魔法のお守り」のようなものを入れておくと、お金さんたちが「あ、ここに行けばいいんだ！」という集合目印になることがあるそうです。

その「魔法のお守り」のようなものが「ツキ金」と呼ばれるもの。「ツキ金」というのは、大きく分けると二種類あります。

ひとつめは**「お金持ちや成功している人からもらったお金」。**お金持ちの人や成功している人から「これ、お小遣いだよ」といただくことがあったら、その中の一枚を「ツキ金」としていつもお財布に入れておく。お金持ちの人や成功している人からいただくお金は「豊かな波動」に満ち満ちています。その「豊かな波動」に引き寄せられるように、たくさんのお金が「お友だちを連れて」、あなたのところにきてくれるようになります。

ふたつめは、**「道に落ちている一円玉を、拾い上げて助けてあげたもの。または火事などで汚れて、使えなくなってしまったお金」。**よく一円玉が道に落ちていることがありますが、その一円玉にも「お金の波動」はもちろんあります。

また、火事などで汚れてしまったり、半分焼けてしまったようなお札でも、「お金の波動」というのは、ちゃんと残っています。このように**「一般の人があまり『お金』と見なさないような状態にあるお金」を、あなたはうんと大切にしましょう。**「傷ついたお金」をビニール袋に入れたり、つやのある布につつんだりして、家の大切なところにしまっておいて、ゆっくり休ませてあげましょう。もし、お財布に入れておける状態なら、お財布に入れて持ち歩く。

そうやって「ツキ金」を大切にしていると、「うちの子を助けてくれて、ありがとう!」とお金のお父さんやお母さんがたくさんの仲間を連れてあなたのところに来てくれるのです。

お金と人に愛される魔法

「ツキ金」をお財布に入れておこう

チョコレートを食べると、金運がアップする！

あなたはチョコレートが好きですか？

私は大好きです。チョコレートといってもデパートや専門店で売っている「高級なチョコレート」は、なにかのごほうびとして、時々、大切にいただきます。

ふだんはスーパーやコンビニで売っている「ダークチョコレート」をちょっとずつ食べているのですが……。私がこんなに「チョコ好き」になったのも、チョコレートに「金運アップ効果」があるのを知ってから。なぜ、チョコに「金運アップ効果」があるのか説明していきますね。

実は、なかなか豊かになれない人というのは**「金毒《きんどく》」**というものの影響を受けています。「金毒」というのは「お金についてくる悪い気」のことで、ウイルスのように人間にとりついていき、ついた人の「金運」を荒らしていくのだとか。

そんなときに**チョコレートをちょっとだけ食べると「金毒が流れる」**……そんな浄化効

果があるのです（ただし食べすぎには注意。「食後にひとかけら」でも大丈夫です）。

そういえば、私が取材してきた「幸せなお金持ち」や成功者の人も、なぜかチョコレートが好きでした。「他のスイーツは食べないけれど、チョコだけはチョコチョコ食べる（シャレでしょうか？〈笑〉）」と言っていた人もいました。また、大富豪なのに、コンビニで売っている「アーモンドチョコレート」が大好きな人もいました。

ある有名な占い師が統計をとったところ、**「成功者や運の強い人はチョコレート好きが多い」**という結果が出たと言います。

「食後やおやつに、チョコをひとかけら食べて、心につやを出す」。こんなおいしくて楽しい「金運アップ生活」を始めてみませんか？

お金と人に愛される魔法

食後やおやつに、チョコをひとかけら食べよう

波動の良さにお金をかける「ホテルのティールーム」

私たちが「幸せなお金持ち」になる上で、「お金がどうやったら入ってくるか？」を考えるのも大切ですが、それと同時に「お金の良い使い方」ってすごく大切なんですね。

お金を使うときは、自分が「心地いいなあ！」と思ったことに使う。いま自分が「心地いいなあ！」と思ったことは、自分にとって「波動が良いもの」となります。そう、「波動の良さ」にお金をかけるのです。

例えば、「月に一回、ホテルのティールームでお茶をしてみる」（月に一回が無理なら、三ヶ月に一回でもまったくかまいません）。私は「仕事の打ちあわせ」とか「取材」を「ホテルのティールーム」でするのが大好きです。相手のお話をゆっくり丁寧に聞けるし、その「仕事」に「豊かなつや波動」が入るような気がするんです。

「ホテルのティールーム」で飲むコーヒーは、普通の喫茶店より値段が高いものです。でも、ラウンジのティールームがなんともつややかで心地いいのは、「場の波動」が高くて、波動が良いからです。そこで働く人たちがプロとして洗練されていて「お客様に良いおもてなしをしたい！」という想いに満ちあふれています。

また、そこに集まるお客さんからも「豊かなつや波動」が発信されています。そういう場所に、月に一回でも行くと、コーヒーの価格の何倍もの「恩恵」を受け取ることができるのです。

私たちは「豊かなつや波動」に触れるとその影響を大きく受けて、「お金と共鳴する波動」（お金に愛される波動）となります。その「波動」に変わった瞬間、あなたの「お金の流れ」はサラサラと音を立てて勢いよく流れ出すのです。

ちなみに「うるさい場所」「丁寧さが感じられない場所（モノ）」「落ち着かない場所」などは、「豊かなつや波動」とはあいません。ふだんは、そういう場所で生活していても、**月にいちどでも「豊かな波動の満ちあふれる場所」に行く**ようにする。

また、モノを買うときも「安いから」という理由だけではなく、少し値段がはっても自分にとって「波動の良いもの」（そのモノがあると心地が良くなるもの）にお金を払うようにしてみましょう。もちろん高すぎるものをムリして買う必要はありません！「自分が払える範囲のもので、ちょっぴり贅沢する」という意味です。

そうやって「豊かなつや波動」に触れることが、あなたをぐんぐん「幸せなお金持ち」へと近づけていくのです。

お金と人に愛される魔法

月に一回、ホテルのティールームでお茶をしよう

お金を払うたびにお金持ちになる「魔法の言葉」

誰でも「今月はお金がピンチだな！」とか、「今月は、たくさん支払いをしなきゃいけない」っていうときがあります。そんなとき、預金通帳の残高を見て「不安」になったり、「こんなに少ない金額で、暮らしていけるのかしら……」と「恐怖」を感じることはありませんか？

実は、この**「不安」とか「恐怖の波動」が心のつやをなくし、「お金の流れ」をますます遠ざけてしまうのです。**

こういうときこそ、私たちは自分で意識的に波動の「振動数」を上げ、心から「不安」や「恐怖」を追い払わなければなりません。

そんなときに、ぜひ言ってみたい「魔法の言葉」があります。それは**「払えるワタシはすごい人！」。**いくら残高は少しになったとしても、今回も「生活費」や「家賃」や「税金」や「カードの支払い」を、ちゃんとやりくりして「払える私」がいます。これは本当に「すごいこと」ですよね。

「払えるワタシはすごい人！」

このひとことで、あなたの波動は瞬間的に上がり、心につやが出て、あなたのところにますますお金が流れてくるようになります。

家賃を払うとき、医療費を払うとき、税金を払うとき、光熱費を払うとき、「払えるワタシはすごい人」と自分をほめていきましょう。

お金と人に愛される魔法

お金を払うとき「払えるワタシはすごい人」と自分をほめてあげよう

本物のセレブになれる「魔法の言葉」

「セレブ」っていう言葉が、雑誌やバラエティ番組で頻繁に取り上げられるようになりましたが、「セレブ」は「セレブリティ」の略で、「みんなに注目されている人」「話題を集める一流の人」という意味があります。

よくファッション誌を見ていると「ハリウッド・セレブのファッション」とか「セレブ奥さまのご用達のお菓子」などが取り上げられていて、「セレブ」はまるで「お金持ちの象徴」のように使われています。

しかし「真のセレブ」というのは、**「すべての人に対して、一流の気遣いとつやのあるふるまいができる」**っていうことです。

例えば、

●絶対にいばらない（特に弱い立場の人に対して）。

●ほほえみを絶やさず、愛のある言葉を話す。
●自分の周りにいる人、周りにあるモノを大切にする。
●愛のあるマナーを知っている。
●悪口を言うようなムードを作らない。

など、その人の言葉や行動、雰囲気にまつわることが中心です。例えば、いまあなたが「お金持ち」でなくても「セレブのふるまい」はできるのです。

自分のことを「私は今日からでもセレブになれるんだ！」と思っているのと、「セレブなんかにまったく関係ない庶民なんだ」と思っているのとでは、自然と「セレブのふるまい」になるかどうかが違ってきます。

「セレブのふるまい」をするようになると、その人から「セレブの波動」があふれ出してきます。その「セレブ感」に引き寄せられるように、たくさんのお金や、すばらしいチャンス、ステキな出逢いなど、豊かなものが次々とあなたのところにやってきます。

この嬉しい連鎖を作る「魔法の言霊」が**「私は今日もセレブです！」**。

この言葉を朝起きたら三回ほど唱えて、自分の脳に「セレブスイッチ」を入れましょう。

お金と人に愛される魔法

朝起きたら「私は今日もセレブです！」と三回言うのを習慣にしよう

ツキを呼ぶ買い物術

あなたは毎日のように「買い物」をしていると思います。その買い物の仕方で、「金運」と「ツキ」をぐんぐん引き寄せる方法があるのでご紹介します。

その①「買いたいものを見つけたら、値札表をしっかり見る」。

ごくごくあたりまえのことですが、このルールを守っていないと、あなたが豊かになるにつれ、金運を落とす原因になるので、しっかり覚えていてください。

よく「お金持ちになったら、値札を見ないで好きなだけ買い物をしたい」という人がいます。セレクトショップに行って、気に入った洋服を見つけたら、ためらいもなくカードでパッと支払う。これって、スマートで格好いいように思えますが、ある大富豪の人はこんなことを言っていました。

「値札を見ないようになったら、その人の経済観念は音を立てて崩れていくよ」。お金は、経済観念のしっかりした人のところに流れていきます。ですから、どんな小さなものを買うときも「値札」をしっかり見るようにしましょう。そして、「いまのモノの値段」を把握しておくことが大事なのです。

例えば、コロッケひとつ買うときも「あ、いまコロッケひとつはだいたい一二〇円ぐらいなんだ。私が子どものころは三〇円だったけど、四倍ぐらい上がっているんだなあ」と確かめながら買う。こうやって「すべてのモノの値段」と向き合うことが、あなたの経済観念をしっかりさせるのです。

その②「高く見えるものを買う」。

例えば「新しいカーディガン」を買うとき。五千円のカーディガンなのに、生地が良質でデザインのセンスがよく、**「一万円ぐらいに見えるもの」**を見つけたとします。その場合、あなたは「五千円のおトク」をしたことになります。「お値段以上に見えるものを選ぶ！」という「目利きの感覚を磨くこと」が大切であり、その感覚にたけている人は「経済的に大きなトク」をすることになります。

その③「ときめくものを買う」。

自分がそれを見ると、わくわくするもの。それが家にあるだけで、機嫌よく心につやが出るもの。そういうモノは**「あなたの波動の振動数を上げてくれるモノ」**です。

それは、あなたにとってのラッキーアイテム。多少、お値段がはったとしても「ときめき代」を考えると、惜しくありません。あなたの心につやを出し、ときめかせてくれるものを買うことは**「生き金を使う」**と言って、決してムダ遣いにはならないのです。

この三つが「ツキを呼ぶ買い物術」のコツです。「上手に買い物ができる人」はお金に愛されて、その人のところにますますお金が集まるようになるものです。

お金と人に愛される魔法

「値札をしっかり見る」
「高く見えるものを買う」
「ときめくもの買う」
この三つを心得て、買い物に出かけよう

幸せなお金持ちは「ムダなもの」を徹底的に買わない

「幸せなお金持ち」と呼ばれる人をたくさん取材して、彼らの生活習慣が「普通の人」とどこが違うか研究した人がいました。すると、いろいろな発見があったそうですが、そのひとつに**「ムダなものは徹底して買わない」**というルールがあることがわかりました。

「ムダなものは買わない」……そんなのあたりまえじゃないの？　と思うでしょう。しかし、それがわかっていても、なんとなく「必要ないもの」を買ってしまうことがあります。

例えば100円ショップで「めずらしいもの」を見つけたとき。スーパーのタイムセール中に「お買い得な商品」があったとき。行きつけの洋服屋さんでバーゲンをやっていたとき。「これは、そんなに必要じゃないけれど、安いし、いつか使うかもしれないから、買っておこうかな」。そんな気持ちにほだされて、ついお財布を開いてしまいます。

お金持ちの人たちはそういうことをしないし、「いつか使うかもしれないから、買っておこう」という発想がありません。例えば、メイクのときに前髪をとめておくヘアクリップがひとつだけ必要だったら、100円ショップに行って、カーラーひとつだけ買って帰ってくる。「ひとつしか買わない」ということを「恥ずかしい」とか「みっともない」と思いません。むしろいさぎよくて、心につやを出す行為だと考えているのです。

その「必要なものだけきっちり買う習慣」は、食べ物でも、着るものでも、仕事の道具でも、徹底しています。

ある大富豪はこんなことを言っていました。「ムダなものは買っちゃいけないよ。ムダなものからは『ムダな波動』が出て、さらなるムダづかいを誘うからね」。「使わないモノ」をつい買ってしまったら、「ムダな波動」が出る前に、必要な人にあげた方がいい。

大富豪はそんなふうに言っていたのです。

「ムダなものは、徹底して買わない。本当に必要なものだけを買う」。シンプルだけど、金運を上げる基本的なルールです。

お金と人に愛される魔法

「本当に必要なものだけ買うこと」を習慣づけよう

一円玉を大切にすると「大きなお金」がお礼にやってくる！

先日、駅を歩いていたら足元にキラリと光るものがありました。

近寄って見てみると「一円玉」が落ちていたのです。私は、あわててさっと拾いました。これは**「一円玉さんを助けるため」**です。斎藤一人さんの教えで知りました。

「一円玉」と言えども立派なお金なのですが、一円玉が道に落ちていても「拾うのがなんだか恥ずかしい……」とか「お金にガツガツして、みみっちいように思える」とか、そういう理由でそのままにしておく人が多いようです。**実はこの「一円玉」を、大きなお金と同じように大切にできる人がお金に愛されるのです。**

一円玉や五円玉は、よく駅の人ごみの中に落ちています。人ごみの中で、みんなの靴でふまれていたりしたら、とってもかわいそう。そういう一円玉を見つけたらすかさず拾って助けてあげて、汚れがあったらさっと拭いてあげて、つやを出してあげる。「大変だったね」「もう大丈夫だよ」といたわりの言葉をかけてあげましょう。

こうやって一円玉を助けていると、いつしか「一円玉のお父さんたち」がお礼に来てくれるようになります。「一円玉のお父さんたち」というのは、こういうことです。

- 一円玉のお父さんが、一〇〇円玉。
- 一〇〇円玉のお父さんが、千円札。
- 千円札のお父さんが、一万円札。

こういった、大きなお金が、**「うちの子を助けてくれてありがとう」**とみんなでお礼に来てくれます。一円玉も、五円玉も、みんなみんな「大切なお金」。小さなお金も、ちゃんと大切にしている人を「お金の神さま」は応援してくれるのです。

お金と人に愛される魔法

道に一円玉が落ちていたら、すぐに助けてあげよう

「幸せなお金持ち」がいつも思っていたこと

「お金」というのは人が生きていく上で、とても大切な働きをしてくれます。

例えば、「お金」があれば、愛する人が困っているときに助けてあげることができる。

自分が何か勉強して、さらに成長するときの資金にもなってくれる。行きたいところへ旅行に行ったり、憧れの洋服やバッグを買ったりして、「ステキなつやのある女性」になるためのサポートもしてくれる。本当に「お金」って、ありがたくて大切なものだと思います。


「世の中、お金じゃないわよ」「お金より、友だちが大事！」「お金より、健康が大事！」。

このような考え方もごもっとも。


でも、**「お金より、もっといいものがある！」というような言い方をしていると、顔につやがなくなり、必ずと言っていいほど「お金の大切さ」を考えさせられる出来事が起こります。**

ある「幸せなお金持ち」の人は、お金のことを考える上で、「こんなふうに考えているんだよ」と教えてくださいました。

＊＊＊＊＊＊＊＊＊＊＊＊＊＊＊＊＊＊＊＊＊＊＊＊＊＊＊＊＊＊

愛する人や大切にしたい人がいたら、その人の「お金のこと」を考えてあげるんだよ。

その人が遠くに住んでいれば、あなたに逢いにくるのに、交通費もかかればお昼代もかかる。あなたが、相手を呼び出したのなら、そういう「経費」のことまで考えてあげなさい。それから相手が仕事をしている人ならば、仕事の上でも自分にできる「応援」をしてあげる。その人の仕事を宣伝してあげたり、その人が知らないことで「良い情報」があったら惜しみなく教えてあげる。

それが相手に対する「愛」なんだよ。そこまで気が回らなかったり、「お金と愛情は別物だ」っていとも簡単に言えてしまうのは、本当の「愛」をまだわかっていないから。

「愛」とは、愛する人の経済的なことまで考えられることなんです。

＊＊＊＊＊＊＊＊＊＊＊＊＊＊＊＊＊＊＊＊＊＊＊＊＊＊＊＊＊＊

友人でも、恋人でも、親戚でも、家族でも、その人の「経済的なこと」まで、配慮して、考えられるようになること。それが、本当の「愛」なのでしょう。

あなたはこれから、たくさんの人とかかわっていくことになるでしょう。そうなったとき、一緒に仕事をしている人や、あなたについてきてくれた人の「経済的な幸せ」まで考えて行動できたら、すばらしいですね。そういう気配りや気遣いのある人だからこそ、多くの人から愛され、信頼されるのでしょう。

お金と人に愛される魔法

愛する人の「経済的な幸せ」を考える

貯金通帳に一億円があるつもりで生活する

「お金持ちになったつもりで行動していると、本当にお金持ちになってしまう」

これは「つもり行動」という不思議な現象ですが、その最たるものにこんな方法があります。**「自分の貯金通帳に、一億円貯金があるつもりで生活する」。**

どういうことかというと、「自分の貯金通帳には一億円入っているんだ！」ということを一日に何度も何度も、かみしめながら生活してみるのです。このことは、あなたの「お金」に対する思いを劇的に変えてくれるのです。

お金を払うたびに、心の中でこんなふうに思いましょう。**「私はこれを払っても、まだまだお金がある！　だって貯金が一億円もあるのだから！」。**家賃を払っても「まだまだ一億円もある！」。税金を払っても「まだまだ一億円もある！」。こんなふうに「まだまだ余裕があるんだ」と思うたびに「豊かなつや波動」が出るのです。

例えば定食屋さんで「ショウガ焼き定食」を食べるときも、「私は一億円もあるからホテルのレストランでディナーも食べられるけど、それを蹴って今日はあえて『しょうが焼き定食』を選ぼう。それほどおいしいしょうが焼きなんだから！」と思って味わいながらいただく。実はここがポイントなんですね。

「『しょうが焼き定食』しか食べられない」って思っているのと、「ホテルのディナーも食べられるけど、あえてこの定食屋の『しょうが焼き定食』を選んだ」と思うのでは、出す波動が違ってくるのです。

今日から「通帳に一億円あるつもり」で生活してみませんか？

いま、この瞬間に「通帳にあと一億円あるんだ！」と思っただけで、あなたはすでに「豊かなつや波動」になっているのです。この「豊かなつや波動」が、さらなるお金を運んできてくれたり、ステキなチャンスをもたらしてくれたり、「豊かさの連鎖」となっていくのです。

お金と人に愛される魔法

今日から「通帳に一億円あるつもり」で生活してみよう

金運を呼び込む「たまご」の魔法

私はいままでたくさんの「幸せなお金持ち」や大富豪の人を取材してきましたが、そういった方々に「よく食べるものはなんですか？」と聞いてみると、なんと多くの人が「たまごです」と答えてくださるのです。

中でも「毎日、生たまごを食べています」とか、「一番の好物は、たまごかけごはんです」とか「最後の晩餐《ばんさん》はたまごかけごはんがいいですね」と答える人がたくさんいらっしゃいました。私はこれを聞いて「大富豪とか、セレブとか呼ばれる方でも、やっぱりいきつくところはたまごかけごはんとか、シンプルな食べ物が好きなんだなあ」と感心していたのです。

後でわかったことですが、中国の風水で「たまごは金運を上げる食べ物」とされていて、昔の大富豪などはたまごを毎日欠かさず食べていたそうです。

たまごの黄身はつややかな「黄色」をしています。黄色い食べ物というのは、金運アップに最適な食材なんだとか。ゆでたまご、スクランブルエッグ、オムレツ、温泉たまご、たまご焼き……といろいろな料理がありますが、中でもやはり「生たまご」というのは栄養価が高く、強いパワーを持つ食材だと言われています。

また、たまごには「生まれる」というエネルギーがあるので、**「多くのお金や楽しさを生み出す」**という意味が含まれているのです。

「たまご料理」はいつ食べてもよいのですが、特に**「朝ごはん」にたまごを食べると「体に金運と健康がやどり大きくふくらんでいく」と言われています。**朝のたまごは、まさに「金のたまご」。ステキなご利益がありそうですね。

最後にとっても興味深いエピソードをひとつ。俳優の水谷豊さんの「たまごかけごはん」の食べ方はちょっぴり変わっているそうです。でも、この食べ方が「とてもおいしい！」と話題になっていたので、ご紹介します。

作り方は、ごはんにまずお醤油をタラタラ〜っと適量かけます（直接ごはんにお醤油をかけるのがポイントです）。その「お醤油かけごはん」の上にたまごを落とし、そお〜っと黄身の部分をお箸で割って、「お醤油ごはん」の部分と、たまごの部分をあまり混ぜないようにしながらいただくそうです。そうすると、最初に「お醤油ごはん」の味がガツンと口に入ってきて、その後にたまごの黄身の部分を食べると、濃厚でまったりした黄身の風味が口いっぱいに広がって「和風オムライス」のように上品なお味がしておいしいのだとか。

同じ「たまごかけごはん」でもちょっと工夫するだけで別物のように味わえるんですね。こういう「ちょっとの工夫」を欠かさないことこそ、「豊かなつや波動」を呼び込む「最高の調味料」と言えるのでしょう。

お金と人に愛される魔法

朝ごはんに、「たまごかけごはん」を食べよう

衝動的にムダ遣いしそうなとき「守護霊さま」が守ってくれる

あなたは何か買い物をしようとしたときに、「あれ？　なんだか、うまくいかないな……」と思った経験はありませんか？

例えば、夜中にテレビの深夜番組を見ていて「このダイエットグッズ、絶対ほしい！」と思ってカードで支払おうとするのですが、あるはずのカードがお財布の中になぜか見つからない。それで、結局ダイエットグッズは買い逃してしまった。ところが朝になって、お財布の中をもういちど確かめてみると、なかったはずのカードがちゃんとあった……。

このように「スムーズに買えない場合」、実はあなたの「守護霊さま」からの「それは買ってもどうせ使いませんよ」「お金をムダにするだけですよ」というメッセージなのです。

「守護霊さま」というのは、あなたを守ってくれている「霊的な存在」です。例えば「かわいがってくれていた亡くなったおばあちゃんが守護霊としてついている」など、多くの場合、過去生において深い関係のあった人が守護霊となる場合が多いようです。

ちなみに「神さま」というのは「守護霊さま」とは別で、「この人にはお金の修行が必要だ」と思ったら、ときに強硬手段を使って「お金の修行」をさせます。例えばムダな買い物がやめられない人には、わざと散財をさせて「お金っていうものはパーッと使ってしまうと、後からとっても困る！」という状況から学ばせようとするのです。

ところがそれほど「お金の修行が必要ない程度の人」で（ここがポイントですね）、何か衝動的に「ムダな買い物」をしようとしているとき、「守護霊」があなたを守るためにカードを隠したり、通販会社に連絡がつかなくなるようにして、「ムダな買い物をさせないように守ってくれる」。そういうこともあるようです。

あなたが何かを買おうとしているとき、何らかの理由で「スムーズに行かないとき」は、「守護霊さま」が必死にあなたを守ろうとしているのかもしれません。いったん買うのをやめてみてはいかがでしょう？

お金と人に愛される魔法

買い物がスムーズに行かないときは、いったん買うのをやめよう

「ぶどうのグミ」を食べて金運をアップする！

「ぶどう」というのは**「豊かさをもたらしてくれる果物」**とされていて、金運アップ効果があるフルーツです。もちろん「生のぶどう」を食べると良いのですが、旬の時期をのぞいては値段も高騰しますし、そうカンタンに手に入りません。

そんなときにオススメなのが「ぶどうのグミ」や「ぶどうジュース」。「ぶどうのグミ」や「ぶどうジュース」にも、同じく金運効果があると言われています。

実は私も「ぶどうのグミ」が子どものころから大好きです。小さいころは「金運を上げてくれる効果がある」なんてことは知りませんでしたが、何かお菓子を選ぶときは、必ず手を伸ばすほど、「ぶどうのグミ」が好き。いまもバッグの中に「ぶどうのグミ」と「ダークチョコレート」を必ず入れています（ちなみにチョコレートにも金運アップ効果がありますＰ一二一参照）。

グミというのはつやがあり、「よく噛む」という食べ物でもあります。食べ物を「おいしいなあ」と味わって、よく噛んで食べること。そうやって**味覚に集中すると、豊かさを受け取りやすい体質になれる**……と言われています。

そういえば、成功者やセレブの人でも「ぶどうのグミが大好き！」という人がけっこういらっしゃいました。あの所ジョージさんも「グミって、いくらでも食べちゃう。なんで、あんなにおいしいんだろう」とテレビでおっしゃっているのを見たことがあります。

成功者や人気が出る人というのは、知らず知らずのうちに「運気にいいもの」「金運をアップするもの」「心につやを出すもの」を好んで食べていることがあるのです。

お金と人に愛される魔法

小腹がすいたとき「ぶどうのグミ」をつまんでみよう

もういちど見直したい「カードとの付き合い方」

先日、あるお坊さんと話をしていましたら、こんなお話をされていました。**「最近、『カードローン依存症』になる人が増えているんですよ」。**「カードローン依存症」とはローンで買い物をすることが快感になって、やめられなくなってしまうこと。

例えば「新しい車」をカードローンで買うとします。そうすると、ローンがあるうちは一生懸命働いてローンを返そうとするでしょう。ところがローンを返し終わると、また何か夢中になるものがほしくて無意識のうちに「新たなローン」を組んでしまう。新しい車とか、宝石とか、ブランドもののバッグとか「そんなに必要じゃないけど、ローンを組みたいがために」次々と購入してしまうそうです。

このような「カードローン依存」の状態に、自分でも気がつかないうちにかかってしまうことがあるようです。

「クレジットカード」を持っていると、現金がなくても手軽に買い物ができます。「カードを使うときは、十万円までにしよう！」など、自分できちんと決めて、かしこい使い方ができるのならば、カードを使うことはよいのです。しかし、カード支払いの手軽さから、よく考えずパッと買ってしまうクセがついてしまうと、これは要注意と言えるでしょう。

「私、ひょっとしたらローン依存症のクセがあるかも……」と気付いた人は、カードでの買い物をいったん中止にしてみませんか？　本来はいま手元にある「お金」（現金）の中から「買えるもの」を選ぶのが正しいお金の使い方です。「カード払い」は支払いが翌月以降になることもあるので「気づかないうちに支払金額が増えている」ということもあります。

しっかり管理できる人でないと「借金の波動をどんどん大きくしてしまう」。そういう問題点もあるのです。「クレジットカードは使う金額をしっかり決めて、その額を絶対に超えないようにする」「お金のことをちゃんと勉強した上で、お金の流れが把握できたら利用する」など、自分なりの「きまり」を作って、カードと良い付き合いをしましょう。

お金と人に愛される魔法

カードを持つなら「自分なりのきまり」を作ろう

お金さんに「寒い思い」をさせないで

「お金さんのイヤがることって何ですか？」という質問をいただくことがあります。実は悪気なく、お金さんのイヤがることをしている場合があるのです。

例えば**「お金をテーブルに置きっぱなしにすること」。**お母さんがお昼時に留守にするときに「これで、なにか買って食べてね」って、千円札を何枚かテーブルに出しておく。こういう風景を見たことがあると思います。

実は**「お金さんはとっても寒がり」**なんですね。自分をハダカの状態のまま置いておく人のところからは、早く逃げようとするんです。もし、お金をテーブルに置いておくのなら、「封筒」や「ポチ袋」に入れておいたり、「お金を置いておくときのお財布」を新たに準備すること。これが「お金さん」をあたたかくして丁寧に扱うマナーなのです。

エッセイストのムラキテルミさんの本にはこんなことが書いてあります。

＊＊＊＊＊＊＊＊＊＊＊＊＊＊＊＊＊＊＊＊＊＊＊＊＊＊＊＊＊＊＊＊＊＊＊＊＊＊

誰かにちょっとしたお金を渡すときに、昔はきまって「ハダカでごめんなさいね」という言葉を添えて渡していましたが、最近は、そのまま渡す人も増えたようです。

私はいつも小さな「ポチ袋」を持ち歩いています。私の場合は、「お金を旅立たせるときの旅支度」のようなもので「かわいい子が旅に出るんだから、恥かしい思いをしないようにお洋服ぐらい着せてやらなきゃ」という気分なんですね。

『お金に愛されると絶対お金に困らない』（ＫＫロングセラーズ）より

＊＊＊＊＊＊＊＊＊＊＊＊＊＊＊＊＊＊＊＊＊＊＊＊＊＊＊＊＊＊＊＊＊＊＊＊＊＊

以前、ムラキさんを取材させていただいたときに、ムラキさんが私にも「かわいいポチ袋」をくださったことがあります。ムラキさんのお人柄が感じられる、ステキでつややかなエチケットだなあ、と感激しました。

あなたのところにやってきた「お金さん」に、寒い思いをさせないよう気を付けましょう。「お金さん」をいつもあたたかくしてあげて、大切に扱っていると、お友だちをたくさん連れてあなたのところに帰ってきてくれます。

これは人間も同じですね。

お金をテーブルに置いておくときは「ポチ袋」か「お財布」に入れよう

お金が増える「通帳記入」の魔法

先日、銀行に用事があって行ってきたのですが、そのときに大切なことを思い出しました。金運を上げる「通帳記入の魔法」というのがあるのです。

最近、お金を降ろしたり、振り込みをしたりするとき、「キャッシュカード」だけを使う人が増えています。「キャッシュカード」ってお財布に入れておくのも便利だし、使うときもさっと使えて、時間短縮になるのですが、実は「貯金通帳」には、お金を引き寄せる強力なパワーがあるのです。

私が以前、取材した「幸せなお金持ち」（大富豪でセレブの人）の中で、「カードは忘れても、貯金通帳は常に持ち歩いている」という方がいらっしゃいました。時間があったら、貯金通帳をながめていたり、何よりも「通帳記入が趣味」なのだそうです。通帳を記入しているときにATMが「ジーッ、ジーッ、ジーッ、ジーッ……」と音を立てますが、あの音を聞いているとワクワクしてきて、仕事へのやる気やパワーがどんどん湧いてくるということでした。

「貯金通帳」というのはたしかに「豊かさを呼ぶキーアイテム」です。P一四一で紹介しましたが、「貯金通帳に一億円あるつもりで生活すると、たちまち豊かな波動になれる」という教えもあります。通帳をながめながら、「ここには（架空の）一億円の記載があって、私はそのお金を使って、ああいうことも、こういうこともできる。お金のゆとりがずいぶんあるんだな〜」とイメージしているとなんだかとてつもなくワクワクして、心につやが出てきます。また、自然と「もっと増やそう」という気持ちになるものです。

少しの額でもこまめに銀行やATMに行って「入金」をしてくる。そして、あの「ジーッ、ジーッ、ジーッ、ジーッ……」の音を聞きながら、自分の中で「幸せなお金持ち」に一歩一歩近づいていく、ワクワクした気分を高めていきましょう。

お金と人に愛される魔法

こまめに通帳記入して「ジーッ、ジーッ、ジーッ、ジーッ……」の音で気分を高めよう

chapter 4

愛されて豊かになる「心につや」の魔法

プリンセスには「プリンセスにふさわしいこと」が起こる

幸せで豊かになりたい女性に、ぜひ知っていただきたいお話があります。

みなさんは「マイ・フェア・レディ」という映画をご存じですか？　若き日のオードリー・ヘップバーンが主役を演じ、当時、大ヒットとなった映画です。

主人公のイライザは貧しい暮らしをしている「花売り娘」です。貧しくてイヤなことばかりが起こる生活の中、イライザはどなりちらすような言葉を使っています。彼女は「きれいな言葉」や「礼儀」というものを知らない環境で育ったのです。ところが、ひょんなことからハンサムでステキな言語学者に出逢います。ステキな言語学者は、イライザの「言葉」を徹底的に直し、レディとしての「礼儀」を教え込みます。いつも「ごきげんよう」と微笑み、立ち振る舞いもエレガントにするように心がけたイライザ。彼女は「下町の花売り娘」からつややかな「プリンセス」へと変身をとげたのです。

すると、どうでしょう。彼女のことを周囲の人は「プリンセス」のように扱い始めます。イライザはいままで経験したことのないほど、人にやさしくしてもらったり、大切にしてもらったり、特別待遇を受けるようになりました。そして、最後には思ってもみないような「ステキな奇跡」が彼女の人生に起こるのです。

この「マイ・フェア・レディ」という映画が伝えたいことはなんでしょう？

それは、**「プリンセスのようにふるまうとプリンセスにふさわしいことが起こる」**。

その人の話す「言葉」や「しぐさ」に「ふさわしい出来事」が起こる！　この世にはそういう法則があるということです。

「プリンセス」になりたかったら、つややかなプリンセスのようにふるまえばいい。「幸せなお金持ち」になりたかったら、「幸せなお金持ち」のようにふるまえばいい。「私は豊かで幸せなプリンセスなんだ！」。そう思いながらいつも微笑みを絶やさず、立ち振る舞いをエレガントにする。女優さんやセレブたちの「話し方」や「しぐさ」をマネしてみる。

それから、プリンセスというのは、外見だけじゃなくて心にもとびきり「つや」があります。自分の周りの人に、プリンセスのように慈悲《じひ》深く、やさしく接する。自分から愛を投げかけるような行動をする。そういうふうに「プリンセス」としてふるまっている人には、「プリンセスにふさわしいこと」が起こってきます。

「私みたいにガサツな環境で育った女はとても、そんなふうにふるまえないわ……」なんてあきらめなくてもいい。どんな育ち方をしたとしても、あなたがその気になれば「プリンセスのようにふるまうこと」は今日からできるのです。**「プリンセスごっこ」だと思って、楽しみながら「ふり」をしてればいい。**楽しくやっているうちに、あなたの人生にいままで思ってもみなかったような「ステキな奇跡」が連続して起こるようになるのです。

女性のみなさん！　まずは気持ちだけでも「プリンセス」になってみませんか？

いつも笑顔を絶やさないようにする。ハイヒールを履いて、背筋をまっすぐに伸ばして、きれいな姿勢で優雅に歩いてみる。「いつも、ありがとうございます」「ステキな笑顔ですね」「○○さんのことが大好きなんですよ」……そんなふうに逢う人、逢う人の心につやを出す言葉をプレゼントする。

そうやって「プリンセスのふり」をしているだけで、本当に「プリンセスにふさわしいこと」がやってくる！　魔法の「プリンセスルール」を今日から始めてみませんか？

お金と人に愛される魔法

今日から「プリンセス」のようにふるまってみよう！

「アンチエイジング」ではなく「リッチエイジング」

「女の人はきれいになると、金運や運気がぐんぐん良くなる」と聞いたことがあります。確かに外見が磨かれてくると、気持ちがはずむようにワクワクしてきます。心に余裕ができるので人にもやさしくできます。

そんな「いい気持ち」で毎日を過ごしていたら、自然と「いいこと」が連続して起こるのではないでしょうか？

ある有名なメイクアップアーティストの方から、こんなステキな言葉を教わりました。その人は「アンチエイジング」という言葉は決して使わずに、「リッチエイジング」と言うのです。「年齢や経験を重ねるほど、その人はつやを増してきれいになり、リッチになる！」……こんなステキな考え方なのです。

考えてみると「アンチエイジング」の「アンチ」って、年をとることを嫌がっているみたいで、あんまり良い言い方ではないかもしれません。そのメイクアップアーティストの方はこんな話をしてくれました。

「若さがキレイだという考え方をしていると『二週間前の自分のほうがキレイだったなあ』『あのころの自分に戻れたらいいのに』と過去のほうが良かったことになります。それよりも『今日は、いままでで一番きれいだなあ！』『これから、どんどん、キレイになるね！』。そんなふうに、これからの人生がワクワクするような考え方をしていたほうが、肌もずっとキレイになるんです」

このお話を聞いたとき「なるほどなあ！」と関心しました。

「若くいたい」「若く見せたい」と思えば思うほど、日々、カレンダーをめくるのがおっくうになります。「次の誕生日で、私はもう○○歳だ！」こう思ったとたん、気持ちは意味もなくトーンダウンします。

でも、年をとるのって「魔法使い」にでもならないかぎり、とめることはできません。それよりも「年齢はただの数字にすぎない。これから、自分史上最高にきれいになるぞ！」と考えていたほうが、ずっと気分がワクワクして楽しい気分で過ごすことができます。

心の世界では「強く考えていること」というのは必ず実現します。「これから、もっと、つややかできれいになる！」と強く思っている人は、実際にどんどんキレイになっていくのです。

今日から「リッチエイジング」を始めましょう。

今日より、明日の自分がもっとキレイになることにワクワクしながら。そんなふうに年を重ねることに対して前向きに考えている人は、お金も良い運気も引き寄せられるのではないでしょうか？

お金と人に愛される魔法

今日から「リッチエイジング」を始めよう！

「ひどいこと」をされても、「心のつや」をなくさない

あなたのそばにとってもイヤな人がいて、その人からものすごく傷つくことを言われたとします。そのときあなたはシュンとして落ち込んでしまいそうになるでしょう。

しかし、**あなたの気分が落ち込んでしまうと、同時にあなたの「心のつや」もなくなってしまいます。**

心の世界では、**「心のつやがなくなった人には悪いことが、立て続けにやってくる！」**というルールがあります。あなたは「イヤな人」から傷つけられただけでもツライのに、他の人ともトラブルが起きたり、事故に巻き込まれたり、病気になったり、ケガをしたり……。波動を下げたばっかりにもう本当に、どうしょうもない「悪循環」のループにハマっていってしまう恐れがあります。

ね、こんなひどいことって、ないでしょう⁉　でも、実はここが大切なポイントなのです！　心のつやをなくしてしまうとあなたはますます苦しむことが多くなり、その一方で

あなたにイヤな思いをさせた人は（その人が自分の波動を下げないかぎり）平気の平左で過ごしている。こんな不公平ってありません。

しかし、これが「波動の法則」の真実です。何があってもあなたの波動を絶対に下げないこと。ある「幸せな成功者」はこんなことを教えてくれました。

＊＊＊＊＊＊＊＊＊＊＊＊＊＊＊＊＊＊＊＊＊＊＊＊＊＊＊

よく「あの人に、あんなひどいことをされた。だから、私はあの人をうらんでる！」って言う人がいるけれど、それって「うらんでいる自分」の波動を下げているんだよ。その人は「ひどいこと」をされただけでもツライのに、そのことで心のつやをなくしてしまうと、他にも「イヤなこと」が次から次へと起こってくる。

だから、もし人から「ひどいこと」をされたら、そのときは絶対に心のつやをなくしちゃいけないよ。逆に「よーし、あの人より、心のつやを出してやるぞ！」って思えばいい。その人が心につやを出していれば、あなたのところに「いいこと」や「うれしいこと」が連続して起こってくる。相手の人がうらやむくらい、その人に「たくさんの良いこと」が起こってくるんです。それって相手に対する「最大の復讐《ふくしゅう》」だよね。

でもね、人はうんと幸せになったとき、自分に「ひどいことをした人」のことなんかどうでもよくなっているんだよ。逆に「ああ、あのことがあったから、私は豊かで幸せになることができたんだ！　あの人が出てきてくれて、ありがたかったな」って感謝すら覚えるの。そうなったとき、あなたに「ひどいことをした人」は、あなたにとって「観音さま」になるんだよ。

＊＊＊＊＊＊＊＊＊＊＊＊＊＊＊＊＊＊＊＊＊＊＊＊＊

あなたに、「ひどいことをした人」はいますか？
もし、いるのなら今日から「最大の復讐」をしましょう（笑）。それが「なにがあっても心のつやをなくさないこと！」。それをすることで豊かさと幸せと成功をつかみ、相手のことを許し、相手の存在に感謝することまでできるようになります。

お金と人に愛される魔法

人から「ひどいこと」をされたときこそ心のつやをなくさないようにしよう

不思議と願いが叶う「つもり行動」

もう一〇年以上前の話です。

当時の私は「フリーライター」をしていたのですが、実のところ仕事があんまりなくて時間はたっぷりありました。

そこで私はこんなことを思いついたのです。「仕事がいっぱいあってとっても忙しいライターのフリをしよう！」。取材に行くようなぱりっとしたジャケットを着て、書類を入れる大きなバッグなどを下げて、「神保町」という街に出かけては、喫茶店をハシゴしてそこで仕事（原稿を書く）をしていました。

なぜ「神保町」だったのかというと、神保町は「本の街」と呼ばれていて、出版関係の人が大勢いるのです。「神保町に行って、ベストセラー作家の波動をもらってきたい！」。半分、「お遊び」で、そんなことをしていました。

ところがその数ヶ月後、本当に神保町の編集部から「うちの雑誌で仕事をしませんか？」と電話がかかってきたのです。これにはもう、びっくりしました。そして、後になってからわかったことですが、私が「お遊び」でしていたことは、**「つもり行動」**と言って、とても意味のある行動だと知ったのです。

「こんなふうになりたい！」と目指す自分の姿があるのなら、先手を打ってすでに「自分はそうなったのだ」という気持ちで行動していると、いつのまにか、それが「本当のこと」になってしまう。そういう、信じられないような魔法が「心の世界」にはあるのです。

この「魔法」を使わない手はありません！　いまがどうであれ「お金持ち」になりたいのならお金持ちになったつもりの服装をして行動してみる。「お客さんがいっぱいいくる繁盛店」にしたいのなら、「お客さんがいっぱいくる繁盛店」の店長さんになったつもりの服装をして、行動してみる。「幸せなセレブ美人」になりたいのなら、「幸せなセレブ美人」になったつもりの服装をして行動してみる。

そうなると何が変わってくるでしょうか？

まず「相手に与える印象」が変わってきます。「お金持ち」でないのにお金持ちらしく見え、「繁盛店の店長」でないのに「繁盛店の店長」らしく見え、「セレブ美人」でないのに「セレブ美人」らしく見える。**それらしい印象を与えるようになると周りの人はあなたを「それにふさわしいように」扱ってくれるようになります。**みんなからそれらしく扱われると、自然とそれに見合った人間に変化していく。この「なったつもり」のウソみたいな「お遊び」が、本当に「幸運を呼ぶきっかけ」を作ってくれるのです。

あなたは、どんなふうになりたいですか？

「なりたい姿」が決まったら、今日からさっそく「つもり行動」を始めてみましょう！

気軽な「お遊び」のつもりでかまいません。ただ、「ゲーム」として楽しんでいればいいのです。そのうちに想像もできないところから、あなたの夢へのうれしいきっかけがやってくるでしょう。

お金と人に愛される魔法

なりたい自分に「なったつもり」で行動してみよう

強運になる「魔法のルール」

運気を最短で上げるとっておきの方法をご紹介します。

それは「強運な人のそばにいること」。運のいい人のそばには同じように「良い運」を持っている人が集まっています。

運がいい人たちは、お互いが話すことやお互いがかわす情報が影響しあって、ますます「幸運のつやの磁場」を強めていくのです。そのそばにいるだけで、周りの人の運気も飛躍的に上がっていくのです。

もし、あなたの周りに「あの人は運がいいな!」と思う人がいたら、できるだけその人のそばにいて、その人の行動や言葉を学びましょう。

例えば、「強運な人」の特徴はこんな人です。

●顔につやがあり、その人が部屋に入ってくるとパッと明るくなる。

- いつも楽しそうで、その人のそばには笑いと笑顔が絶えない。
- いつも「愛のある言葉」「気持ちを明るくする言葉」をしゃべっている。
- その人のそばにいると心配や不安が消え、安心感があふれる。
- その人のそばにいると新しい夢を持ったり、やる気が出てくる。
- その人の周辺で、よい出来事が続々と発生している。
- 自分も相手も宇宙も、いつも信頼している（気持ちがブレない、またはブレてもすぐに戻す工夫をしている）。

こういったことが「強運な人」の特徴です。

実は運の流れに乗るには「すでに乗っている人」に手をひいてもらうのが一番なのです。だからこそ「素直であること」が大事になってきます。なぜなら素直な人は「運のいい人」からちょっとしたアドバイスをもらっただけで、自分の心全体にそのアドバイスをしみわたらせて、すぐに実践することができるから。

「強運な人のそばにいること」「そして、そばにいる自分が素直であること」……このふたつがあなたの運気を飛躍的に上げるのです。

お金と人に愛される魔法

「強運な人」のそばにいて
その人の良いところを素直にマネしよう

大富豪や成功者は「歩くこと」がお好き

私は大富豪や成功者をたくさん取材してきましたが、その中で「みなさんが共通して好きなこと」「なぜか共通してやっていたこと」があります。

そのひとつが**「毎日できるだけ歩くこと」。**なーんだ、そんなカンタンなことと思うかもしれません。ところがこれ、案外「すごい魔法のルール」なんです。

私が取材した成功者や大富豪、セレブの方々は、その多くが「歩くことの大切さ」に気付いていらっしゃいました。例えば、ある億万長者の方でいつもお迎えの車が待っている方がいたのですが、ちょっとでも時間を見つけると「オレ、ちょっとそこまで歩いてくるね」と言って、ひとりでスタスタ行ってしまう。お付きの人たちはあわててその人の後を追いかけていきます。「オレ、歩くの大好きだから」ってその方は言っていたのですが、あるとき、こんなことを教えてくださいました。**「こうやって歩くとね、自分の心と体の『気』が入れ替わるんだよ。それで脳の中の『前頭葉《ぜんとうよう》』っていうところが活性化されるか**

ら、仕事のいいアイデアを思いついたり、すごいひらめきが降りてきたりするんだよ。人間に足があるのは『歩くといいことがあるから』なんだよ。どんなにお金持ちになったとしても、歩くことをやめないほうがいいよ」。

私も、お仕事でアイデアがほしかったりすると、パッと外に歩きにいきます。軽快な音楽を聴きながらてくてく歩いていると、心の中にあった「汚れ」のようなものが流れて、心にさわやかな風がパーッと入ってくる気がします。仕事や執筆のアイデアなんかも、なぜか、どんどん降りてくる。雨の日はジムのウォーキングマシンで歩いています。

「運動」というのは「運を動かす」と書きます。自分の中で停滞しているものや滞っているものも、歩いて帰ってくるとなぜかそれがスムーズに動き出す。私が取材したカリスマモデルや有名なお医者さん、学者さんも、なぜか「歩くこと」が大好きでした。

まったくお金がかからず誰でもできることですが、こういう「ちょっとしたこと」の中に運を上げるヒントはつまっているのです。

お金と人に愛される魔法

ちょっとでも時間があったら、外に出て歩いてこよう

お金の流れをとめない「魔法のルール」

この世の中には「お金の流れる川」がありますが、その流れが「勢いよくサラサラと流れてきている人」と、何かの理由でところどころがふさがれていて「あんまり流れがよくない人」（チョロチョロ……という感じでしょうか？）がいるのが事実です。

「お金の流れる川」をふさいでしまう原因にこんな理由があります。あなたが何かいいことをしたとき、相手が「ほんのお礼（お金のこと）をさしあげたいのですが」と言ってくれているのに、「いえいえ、そんなつもりじゃありませんから」と、遠慮してそれを断ってしまう人がいるんです。

私はある「幸せな成功者」からこう教わりました。「『お金の流れる川』というものは『小さな流れ』がいくつも集まって『大きな流れ』になっている。『小さな流れ』の勢いをとめてしまうと、なぜか『川の流れ』は全体的に勢いが悪くなるんだよ」。

何か「いいこと」をしたときに、相手の方が「これ、ほんのお礼です」ってお金をくださることがあります。そういうときに「いえいえいえいえ」とか「そんなつもりでしたんじゃないんですよ」と、かたくなに「お金」を受け取らない人がいます。その人は、そうやって断ることが「美学」だと思っているのでしょう。

しかし、その「かたくなさ」が「お金の流れ」の勢いを悪くしている、ということもあるのです。もちろん、何か「いいこと」をするときは「無償の愛」で何かを期待しないでやることが大事です。その結果、お礼をいただいた場合は、相手の人に感謝して、ありがたく受け取ることも大事です。川の流れは「大河」(大きな河)ほど「小さな川」がいくつも流れ込んできて作られています。それと同じように**「お金持ち」の人ほど「小さな所得」がいくつも流れ込んで作られている、**ということでもあるのです。

相手が「ほんのお礼です」とお金をくださったら、「ありがとうございます」と相手の方の気持ちを素直にいただきましょう。それが「お金の流れ」の勢いをとめないコツです。

お金と人に愛される魔法

「お礼」としてお金をもらったら相手の気持ちを素直にいただこう

キッチンに「ストックしている食材」を使って料理する

キッチンの中で「食品をストックしておく棚」を見直してみてください。

缶詰とか、ビン詰とか、乾物とか、すぐに食べないものを保存しておく棚です。その棚の中になんでも食品を入れておくと、すっかり忘れてしまっていて、いつのまにか賞味期限が切れていた、なんてこともあります。

実は**「食材のストックをためこむことは、ツキを落とす！」**と言われているのです。「食材」は私たちの体に入って血や肉となってくれるもの。できるだけ新しいものを食べることが、私たちの体の「気」を上げてくれます。それは保存のきく缶詰やビン詰、乾物であっても同じこと。

さらに、家の中に食材のストックがたくさんあると、なぜか「外食したくてたまらない！」「料理をするのがおっくうだ！」という気持ちが生まれて、ムダ遣いをするようになります。ある「幸せな成功者」の方が「使わないモノが家の中にあると、そこから『ムダな波動』が出て、さらなるムダ遣いをさそっちゃうんだよ」とおっしゃっていたことがあります。ムダ遣いをしたくなる衝動も、「ためこんだ食品のストック」から「ムダな波動」が出ているからかもしれません。

定期的に食品の棚をチェックして、食べられるものはおいしく料理して、どんどん使いきってしまいましょう。実は私の趣味も、「食品ストック」でおいしい料理を作ること。「アルモンデ料理（あるもので料理）」に凝っています。いわしの缶詰と冷凍のイカリングをトマトソースで煮込んで「ペスカトーレ風パスタ」を作ったり。乾麺をゆでて、牛肉のしぐれ煮を乗せて「肉うどん」を作ったり。あと「ごちそうぞうすい」はとっても便利。残った野菜や乾物が、なんでもおいしいダシになってくれます。

きちんと食品を食べきっていくと、気持ちもスッキリして、心につやがでてきます。いま家に何があるのかもしっかり把握できるので、よぶんな食品を買うことも防げます。おいしく食べきって、「ムダな波動」を家の中に出さないようにしましょう。

お金と人に愛される魔法

いまキッチンに残っている食材を、おいしく料理して食べ切ろう

成功者や大富豪がみんな知っている「円の法則」

「幸せなお金持ち」とか「成功者」と呼ばれる人たち。そう、「運のいい人」がみなさん共通してひそかにやっていることがあります。いわゆる「成功するための魔法の習慣」と呼ばれるものです。

その「魔法の習慣」の中で、多くの人が最初にやったことって、なんだと思いますか？

それは「言語調整《げんごちょうせい》」。

「言語調整」とは「マイナスのエネルギーを放つ言葉」を口にするのは徹底的にやめて、「プラスのエネルギーを放つ言葉」を積極的に口にする、その「トレーニング（訓練）」です。

ちなみに外国の大金持ちの子どもは、小さいときから、教育係の人や、家庭教師の人からこのトレーニングを徹底的にたたきこまれるそうです。そして、トレーニング中に特に、以下の七つのことは口にしないよう訓練するそうです。

言語調整で罰金をとられる言葉

1　不満、グチ
2　批判、悪口
3　言い訳　弁解
4　後悔
5　正論の押しつけ
6　あらゆる否定的なコメント
7　未来への根拠のない不安

これらの七つのことを訓練中にうっかり言ってしまったら、自分のお小遣いの中から「罰金」を払わなきゃいけないそうです。なるほど、ちょっと厳しいルールですけれど、それならすぐに身につきそう（笑）。誰だって自分のお小遣いを減らしたくありませんから。

毎日、なにげなく口にしている「言葉」。しかし、ちょっとした言い方の違いで、相手の心をほっとラクにさせてポカポカとあたためる「お守り」になることもあります。その反対に相手の心をぐさりと傷つけて落ち込ませてしまったり、イヤな気分にさせる「凶器」にもなることがあります。どちらにするかは、その人しだい。

ただ、ひとつ言えることは、相手にたくさんの「愛のお守り」を投げかけている人は、その人のところにも「愛」や「安心」や「喜び」があふれるような出来事が戻ってきます。同様に相手を「凶器」でぐさりとつくような人は、その人のところにも「トラブル」や「苦しみ」や「孤独」を引き起こすような出来事が戻ってきます。

すべて、自分が投げかけたものは、自分のところにくるりと回って返ってくる。これを「円《えん》の法則」と言います（円を描くように戻ってくるからです）。

成功者や大富豪は、実はこの「円の法則」を知っています。だからこそ、みんな「言語調整」をして言葉に気を使っているし、自分の子どもにも小さいころから「言葉の大切さ」を教え込んでいくのです。

このルールを知ってしまうと「凶器」のような言葉を使うことは恐くてもう二度とでき

ません。自分が言われて、ほっとする言葉。自分が言われて「わあ！」と感激しちゃう言葉。自分が言われて「よし、やるぞ！」とワクワクする言葉。そんな言葉を選んで使っていきたいものです。

特に、疲れているときや自己重要感が足りないとき、嫉妬や「やっかみ」に心が揺れるときは、思ってもみない言葉を相手に投げかけてしまいがち。

そんなときは、フーッと深呼吸して心をクリアにしてみます。そして、「円の法則」を思い出して、愛のある言葉を相手に投げかけるよう、自分の気持ちを訓練していきましょう。

お金と人に愛される魔法

「自分の放った言葉」はすべて返ってくることを意識しながら言葉を口にしよう

すべてがうまくいく「ごきげんさんの法則」

どういう理由かわかりませんが「この人、今日はなんだか不機嫌だなあ……」と感じる人がいます。挨拶もしないでぶすっとしていたり、なんだかすごく暗かったり、なんだかイライラしていたり……。

以前、私は、こういう人に会うと「私、なんか悪いことしたかな？」「この人、どこか体調が悪いのかな？」「何をすれば機嫌が良くなるのかな？」などといろいろ思っていました。そう思っているうちにそのイライラ、ぴりぴりした雰囲気が自分の中にも広がってきてしまうものです。

こういう現象こそ「不機嫌の伝染」というもの。せっかくの大切な一日なのにそんなことで気をわずらわせるのはもったいない！　どんなに周りの人が不機嫌でも、自分は自分の機嫌をとって「ごきげんさん」でいたほうがいい。

なぜなら「ごきげんさん」でいるだけで、ツキも、お金も、チャンスも、次から次へと魔法のようにやってくるのですから。

人の機嫌をとらずに自分がただただ「ごきげん」でいるだけで、なぜか成功してしまう。これを「ごきげんさんの法則」と言います。

ある成功者の人はこんなふうに言っていました。

＊＊＊＊＊＊＊＊＊＊＊＊＊＊＊＊＊＊＊＊＊＊＊＊＊＊＊＊＊＊＊＊

自分がどれだけ機嫌よくいようとしても、周りに不機嫌な人がいると自分の機嫌まで悪くなってしまう。そういうときは「不機嫌な人とは付き合わないようにする」。それが心のつやを出すんです。

どうしても避けられなければ、できるだけ距離を置くようにするとか。とにかくその人と調子をあわせないようにすること。相手が不機嫌だと「何か私が悪いことをしたのかな……」と思う人がいるけど、それは相手の問題であって、あなたの問題ではないんだよ。

そんなことであなた自身が不機嫌になったらダメなんです。何があっても「ごきげんさん」をつらぬくんです。あなたひとりだけでも、元気よく挨拶して、ニコニコして仕事してればいい。自分ひとりでも「ごきげんさん」でいることのほうが何より大事なんです。

＊＊＊＊＊＊＊＊＊＊＊＊＊＊＊＊＊＊＊＊＊＊＊＊＊＊＊＊＊＊＊＊

「不機嫌な人に波長をあわせないこと」は、実は幸せで心地よくいるためにとても大切なことなんです。

ひとりひとりが自分を機嫌よくしていれば世の中が「ごきげんさん」ばかりになる。それこそが、いちばんシンプルで今日からでもできる「ステキな社会貢献」ではないでしょうか？

今日もあなたが「ごきげんさん」でいられる方法を徹底的に考えていきましょうね。

お金と人に愛される魔法

不機嫌な人に波長をあわせず自分ひとりでも「ごきげんさん」でいよう

あなたのところで「負の連鎖」を断ち切ろう！

体育会系の部活で「オレたちが一年生のころはこんなにヒドイ扱いを受けた。だから、お前ら一年生もそうするのが当然なんだ」と言っているところを見たことがあります。また、お姑さんが、お嫁さんに「私がお嫁に来たときは、お姑さんに尽くすよう言われたものよ。あなたももうちょっと私たちのことを思いやってほしいの」という場面も……。

自分がやられてイヤだったことを、自分も後々、同じように強いる。これは「負《マイナス》の連鎖」で心のつやをなくします。自分の中で「あのときは、つらかった」という思いがあるから、それを次の代の人にも、「あたりまえだ」としいてしまう。でも、これをやっていると、人から「嫌われる」という悲しい現実が待っているものです。

成功者の人にお逢いするとその多くの方が「自分がイヤだったことって、他の人には絶対しないほうがいいんだよ」と教えてくださいます。先輩から、上から目線であれこれ言われたことがイヤだったら、自分は後輩にうんとやさしく教えてあげる。お姑さんから、あれこれうるさく言われたことがイヤだったら、自分はお嫁さんがいろんなことに不慣れでも口だしすることを控える。これを貫いていると、その人の心の「器」はうんと大きくなり、多くの人から愛されて、みんながその人を求めるようになる！

要は「絶対的に強運になる！」。そんな宇宙のルールがあるのです。

自分がイヤだったことは他の人には、絶対しないこと。良くない習慣は自分のところで断ち切ること。このことを**「マイナス・ストッパーの法則」**と言います。実はいま成功している人やずっとお金が入り続ける人は、この「マイナス・ストッパーの法則」を自然とやっていることが多いのです。「マイナス・ストッパー」をしていると神さまから多大なご褒美があります。**「あなたのところで、負の連鎖をとめてくれて、ありがとね」。**そういうお礼にツキやお金やステキなチャンスがどんどんやってくるのでしょう。ちょっと決心や覚悟が必要かもしれませんが、あなたがそれをすることでみんなが助かって、幸せになれます。勇気ある「マイナス・ストッパー」になれたら、こんなステキなことはありません。

お金と人に愛される魔法

勇気を出して「マイナス・ストッパー」になろう！

運がみるみる上がる「出し切りの法則」

数年前のことになりますが、ある「幸せな成功者」の方から私の「仕事ぶり」に関していろいろとアドバイス（ご注意）をいただいたことがありました。

「陽子ちゃんは、もっとできるのに、まだまだ出し惜しみ（遠慮）している！」。その方がおっしゃるには、私は本当は、もっとたくさんの仕事ができるはず。それなのにできていないのは、私自身に「自分の実力を出し切ろう！」という気持ちがないから。

「幸せな成功者」の方はこんなことを言っていました。

＊＊＊＊＊＊＊＊＊＊＊＊＊＊＊＊＊＊＊＊＊＊＊＊＊＊＊＊＊

その人に、どんなに才能や魅力があっても、それを「出し切ろう！」と思わない限り、その才能や魅力は「眠ったまま」になってしまう。

そして、神さまというのは「出し切っている人が好き」なんです。上から見ていて「この人は出し切っているな」「この人はもっと出せるのに、出し切っていないな」それがわ

かるんです。

それで「出し切っている人」にますます応援するようになっているんだよ。

自分の「実力」や「魅力」を出し切っている人のところに、つやも、お金も、チャンスもますますやってくる！　このことを**「出し切りの法則」**と言います。

私はいまになって「出し切りの法則」を、ことあるごとに思い出すようになりました。いままで、いろんな意味で遠慮していた自分。「私は、もうこのままでいい……」。そう思ったら、これ以上豊かになることも、これ以上成長することもできないんですね。神さまはそんなこと、望んでいません。自分の力を出し惜しみするのをやめようと、なにか目が覚めた気分になりました。そう思ったら「変なさびしさ」や「不安」が吹き飛んで、なぜだか心の底からワクワクしてくるのです。**もう自分の力を、出し惜しみしない。**

今日もその思いを胸に、「ひとつ上」のステージへと進んでいきましょう。

お金と人に愛される魔法

自分の実力を思いっきり出し切ろう！

誰かにお金をあげるときの「魔法のルール」

「誰かにお金をあげること」があります。お子さんにお小遣いをあげることもあるし、ご両親や兄弟にお金を渡すこともあるでしょう。それからお手伝いをしてくださった方に「謝礼」をお渡しすることもあります。

そんなときにちょっと気をつけたい「魔法のルール」があります。

実はお金というのは、あげる人の気持ちが「波動」として入ります。だから「このお金で楽しんできてね！」とつやのある明るい気持ちであげたいもの。「温泉に行って、ゆっくりしてきてね」とか、「おいしいものを、たくさん食べてきてね」とか、**「相手がお金を楽しいことに使うイメージ」を描きながらあげるようにしましょう。**

その逆に「この人は、かわいそうだから……」とか「この先、何が起こるかわからないから……」とか、そんなふうに「あわれみ」や「不安」の気持ちでお金をあげるとどうなるでしょうか？　お金に「不安な波動」が入ってしまい、本当に「幸せでない理由」で使わなければならなくなってしまいます。

私はあるセレブからこの話を聞いてからというもの、「あげるときの気持ち」に気をくばるようになりました。そうしたら、お金を渡している私の「お金の流れ」もますます良くなっていったのです。

お金は、何かの役に立ってほしいんです。自分を有意義なことに使ってほしいんです。だから、お金のその思いをにごらせないようにしたいもの。その人が「幸せにしているシーン」をありありと思い浮かべながら、「幸せな波動」を入れる気持ちでお金を渡すようにしましょう。

お金と人に愛される魔法

相手が幸せになったところを思い描きながらお金を渡すようにしよう

お金が不思議となくなっていく人

イライラしたり、怒ったりすると「モノにあたる人」がいます。椅子をけっとばしたり、テーブルをひっくりかえしたり。カベをドンッ！　となぐって穴を開けてしまった……なんていう人もいるかもしれません。

モノにあたるとモノが壊れるだけで済んだように見えますが、実は、こうやって「モノにあたる人のこと」を「お金さん」はしっかり見ています。

その人がけっとばした椅子からは「痛い、痛い、やめて！」という「感情」（波動）みたいなものが出ているのです。それは「モノ同士」にだけキャッチできる言葉みたいなもの（まれに人間でもこの「モノの言葉」がわかる人がいます）。

「お金さん」はこの「モノの言葉（波動）」が誰よりもよくわかるので、「モノにあたる人」（モノをいじめる人）のところからはいち早く逃げようとするんです。なぜなら、自分もそんなふうに「痛い目」にあいたくないし、そんな人に自分を使ってもらいたくないから。

「モノをいじめるような人は、愛のあるお金の使い方はしない」。「お金さん」にはそれがちゃんとわかっているのです。また、モノにあたっていると、不思議と顔からつやがなくなっていきます。

もし「モノにあたるクセ」があるのなら、そのクセをやめないかぎり「幸せなお金持ち」になることは不可能だと思っておいたほうがいいでしょう。その反対に「モノを丁寧に大切に扱う人」は、いつからでも「幸せなお金持ち」への門戸は開いている、ということになります。

あなたの周りにあるすべてのモノを大切に、丁寧に扱って、かわいがってあげましょう。

お金と人に愛される魔法

すべてのモノを大切に丁寧に扱って、かわいがろう

イライラを鎮めると幸運の女神はごほうびをくれる

あせっているときやものごとが思い通りに進まないとき、思わずイライラして心のつやを失いそうになります。実は私もせっかちなので、イライラしそうなときが多々あるのですが、そういうときにいつも思い出す言葉があるのです。「幸運の女神はイライラしている人が嫌い！」。

イライラしているときって、周りにあるモノが壊れたり、レストランでオーダーしたものが間違って出てきたり、電車にあと一歩のところで乗り過ごしたりすることはないですか？　これって幸運の女神が「あなたのイライラを早く鎮めなさいよ」「いつも心おだやかにしていなさいよ」と言っている合図です。

イライラしているときにいいことがあったり、運気が上がったりすることはまずありません。それどころかイライラは、体にとっても心にも「大きなマイナス」です。イライラが始まると、体中に有害なホルモンが出て免疫力が弱っていきます。そうなると病気も促進するし老化も早めてしまう。肌があれたり髪がたくさん抜けたりするのもイライラする時間が多かった日に多いのです。

それに「イライラ」というのは、人に伝染するという困った現象もあります。

例えば、みんなでレストランで楽しく食事をしているとき。ものすごく怒った人が入ってきてお店の人に文句を言い出したら、みんなはその人の怒りがますますエスカレートしないかとハラハラするでしょう。このようにたったひとりのイライラによって、大勢の人の楽しい時間を台無しにしてしまうこともあるのです。「幸運の女神」はそういうところをしっかり見ています。

どんなにイライラしそうなことが起きても、気持ちをおだやかに保てたら、そのとき、あなたはとても大きな徳をつんだことになります。そんなステキなあなたに「幸運の女神」はきっとすばらしい「ごほうび」をくれるでしょう。

お金と人に愛される魔法

イライラしそうになったら「幸運の女神に嫌われること」を思い出そう

幸せな成功者から教わった「嫉妬の法則」

ある「幸せな成功者」の方が私にこんなことを教えてくれました。

「あなたがこれから成功していく途中で、必ずのりこえなきゃいけないことがあるんだよ。それが『嫉妬の法則』なんだよ」「えっ、嫉妬の法則？　それはなんでしょうか？」。私は思わず、大きな声で聞き返してしまいました。すると、その「幸せな成功者」の方はこんなお話をしてくださったのです。

****

ひとりの人が「あるグループ」の中から、頭角を現して「ひとつ上」に出ようとするとき、必ず「同じグループ」の中からその人に対して「嫉妬する人」が出てくる。新しいことに挑戦して「成功しようとする人」に対して、「他のグループ」や「別ジャンルのグループ」の中では案外、応援しようとしたり、助けてあげようとするような「あたたかいムード」を出す人が多い。

ところが「同じグループ」にいたときは近くにいて、人一倍、その人の世話を焼いてくれていたような人が、あなたが頭角を現したときに「嫉妬する」。そして、あなたに対してつっかかるようなことを言ってきたり、陰で悪く言ったりして、あなたの足をひっぱろうとする。これを「嫉妬の法則」と言うんです。「あなたも、成功の階段をのぼり始めたとき、『えっ、まさか、この人が！』と思うような人があなたに嫉妬して足をひっぱるようなことをしてくるよ。そのとき、それに負けちゃダメなんだよ」。

＊＊＊＊＊＊＊＊＊＊＊＊＊＊＊＊＊＊＊＊＊＊＊＊＊＊＊＊＊

私はいまになってこの成功者の方が、私に何を教えてくださりたかったのか、よくわかるようになったのです。

あなたがいつも心地よく心に余裕をもって物事に接するには**「人の心にひそむ、ちょっぴりダークな部分」**っていうのを知っておく必要があります。そのひとつが「嫉妬」です。例えば、いままで仲の良かった人や、あなたの世話をかいがいしく焼いてくれていた人が言ってきたことで「あれ、これってなんかヘンだな……」と感じることってありませんか？

「あなたのためなのよ」って言いながら、あなたの行動をおさえつけようとしていたり。

ふだんは感じが良くてやさしい人なのに妙に「つっかかる言い方」をしたり。「あれ、この人、いつもと様子が違う」っていう感じですね。

その場合、おうおうにしてその人はあなたに対して、なんらかの「嫉妬」という感情を持っていることが考えられます。「えーっ、私、嫉妬されることなんかしてない！」と、純粋で気のいいあなたはそう思うかもしれません。ピュアでやさしい人は「なぜ人が嫉妬するのか？」ということが理解できないのです。

「人間の心」というのは複雑にできています。「あの人は私にはない才能を持っている」「あの人はまだ若いのに（まだ入社してまもないのに）ラクラクと上がっていく」「あの人は上の人からかわいがられて、多くの人に愛される」「私のときはもっと苦しんでなかなか進まなかったのに」「私にはとりたてて目立つものがひとつもない」。そういうふうにあなたの姿が「うらやましく見えて心のつやを失ってしまう」のです（あなたが何か自慢したわけでも、悪いことをしたわけでなくてもです）。

そして相手はあなたに「反感」や「やっかみ」の感情を持つのですが、その人も「オトナ」ですからそれを直球でぶつけるわけにはいきません。それが「あなたのためなのよ」だったり、「ひっかかるような言い方」だったり、「なんだか、いつもと違うヘンな言い方」

となって現れるのです。

「幸せな成功」への階段を上がっていく途中で、誰もが学ぶことがあります。それが人の心にひそむ「嫉妬」という感情を知ること。

素直で純粋で非の打ちどころがない人が運を落とす原因は「嫉妬されていることに気がつかないこと」。嫉妬されているからといって「あなたらしくいること」をやめなくたっていい。顔につやを出して、いつもどおりにしていればいいのです。ただ「あの人がヘンな言い方をしているのは、嫉妬なんだ」と気付けるかどうかで、その後のいろんな対応が変わってきます。

あなたは自分に向けられた嫉妬も必ず「いいこと」に変えていける力を持っています！

とにかく「嫉妬の法則」というものがあるということだけ胸に刻んでおいてください。

お金と人に愛される魔法

「人の心にひそむ、ちょっぴりダークな部分」を知っておこう

成功者がみんな乗り越えてきた「ゆりもどしの法則」

私はいままでたくさんの成功者やセレブ、大富豪たちを取材してきましたが、その多くの人たちが必ずと言っていいほど乗り越えてきたことがあります。

それが「ゆりもどしの法則」というものです。

あなたが夢を叶える途中で、いろいろなことが起こってきます。「いままでのあなた」から進化して「新しいあなた」に変わろうとするとき、さまざまな問題が起こってきます。

例えば、何かをきっかけにあなたが精神的に急激に成長してしまうことがあります。そうすると、これまで一緒にいた友人や仲間に「なんか、違うな」「なんか、話があわないな」という気持ちを感じられるかもしれません。

いままで「お金がらみのこと」とか「お互い依存すること」で成り立っていた関係や、「グチ」や「泣き言」を言うことで連帯感を持っていた人たちのところから、「本当に魂がワクワクすること」「本当の気持ちが『イエス！』と言っていること」「ひびきあい、わかちあい、生かしあいを大切にする世界」……そういったところへあなたが移りたくなったとき、この「ゆりもどしの法則」は起こるようになっているのです。

なぜなら、これまで一緒にいた人たちから見ると、あなたはまぶしいほどにつやがあり、楽しそうに見えて、うらやましいのです。

しかし、そんなこと、とても口にできないので、いろいろ理屈をつけては「そんな危ないこと、やめたほうがいいよ」「いままでの生活をやめないほうがいいよ」「やっても失敗する確率が高いよ」と、ひきとめようとするのです。

実は、夢を叶えようとする人の大半は、この「ゆりもどしの段階」であきらめてしまいます。もし、あなたが何か夢を叶えようと思ったとき、思わぬ反対や反発が起きて、それが「理屈にあわないこと」だったら、「あ、これは『ゆりもどしの法則』だな」と思ってください。そう思うだけでまず、あなたの気持ちはグッとラクになるはずです。

あとは、どんな「ゆりもどし」があっても**「これは、私が本気かどうかを試す『神さまからのお試し試験』なんだな」**と思って、いつものあなたのように、元気で明るくしていてください。「ゆりもどし」はある時期を過ぎれば、潮がひくように消えてゆきます。そのとき、あなたの夢は本当に叶うのです。どうか、「ゆりもどし」に負けないでください！

あなたが勇気を出して、変化を起こしたことは、周りの人の「思い込み」をはずし、みんなに良い影響を与えることにもつながっています。

お金と人に愛される魔法

「ゆりもどし」に負けないようにしよう！

成功の途中で起こる「ご縁の法則」

以前、「とても仲が良かった人」があなたにもいるでしょう。そのときは、その人と「何もかもがあう！」と感じていた。目指す方向、考え方、価値観などすべて、自分とぴったりの人だと思っていたはずです。

ところが、しばらくして「新しい出逢い」があり、自分がいままで知らなかったような画期的な「新しい考え方（幸せな成功をする方法）」を学ぶとします。そうすると、以前は「ぴったりだ！」と思っていた人と、考え方や価値観が微妙にあわなくなってくる。そういうことってあるものです。

この現象こそ「ご縁の法則」というものなんですね。**人との「ご縁」って、一緒にずっと歩んでいく運命の人もいれば「一時的に一緒にいる」という人もいます。**

例えば、「人生」という川が流れているとして、その川に葉っぱが流れているとします。ずっと一緒に重なるようにして流れていく葉っぱもあれば、一時的にはくっついているけど、また離れて流れていく葉っぱもある。これと一緒なのです。

自分が成長したり、変化したときに、いままで仲が良かった人との「卒業」があったとしても、それはおかしいことじゃない。むしろ、自然であたりまえのことなんです。「卒業」して、その空いたスペースに、いまの自分にぴったりの「出逢い」が飛び込んでくるのです。

「卒業」する人には感謝をこめて、こう言いたいです。「あなたとの出逢いがあったから、いまの私があるんです。別々の道を歩むことになっても、いつもあなたに感謝し、あなたのことを応援しています」。

ご縁があった人は、必ず意味があってあなたと出逢うようになっています。すべてのことに感謝して、前に進んでいきましょう。

お金と人に愛される魔法

「卒業する人」に感謝して、ためらわず前に進んでいこう

お金に愛される「まあるい話し方」

「なぜかこの人と話していると気分が癒やされて、心地よくなってくる」……そういう人っています。

実は、ちょっと話し方に工夫をするだけで、人から愛されて、さらに「お金」からも愛される。実は**「金運がアップする話し方」**というものがあるのです。「話し方と金運がどうして関係するの?」と、あなたは思うかもしれません。実は、この世のあらゆる行動に**「金の気」**(金運)を上げる方法があるのです。

さて、「金運を上げる話し方」がどんなものかというと、ひとことで言うと「まあるい話し方」。やわらかい口調でまあるく円を描くように、おだやかな話し方が良いのです。

例えば「あのね、○○だからね」「それでね、○○なんだよ」というように語尾はちょっと上げ気味にして、次の言葉につなげる。円をくるりと描いているところを思い浮かべながら話すと「まあるい話し方」が上手にできます。

そして、話している顔はぜひ「くったくのない笑顔」で！　笑顔で話すと、やさしい、つやのある声が自然と出せるのです。

ちなみに「これをやっていると金運が下がってしまう」という残念な話し方もあるのを知っていますか？　それは**「相手の話の流れを断ち切ること」**。相手の話が終わっていないのに「それでさあ……」などと、いきなり話を変えるのは絶対にNG。話を断ち切ると相手の人も不快になりますが、お金にも嫌われてしまうのです。

いつも思うのですが「人に愛される人」というのは自然と「お金」にも愛されるようになっています。結局のところ「運気」も「お金」も「人が運んでくるもの」ですから、そうなるのでしょう。

お金と人に愛される魔法

「まあるい話し方」を意識しながら話そう

「停滞期」の後、物事はいっきに進む

いままで、私の人生の中で、物事がタンタンターン！　といっきに進むときがありました。新しい仕事が決まったときもそうでしたし、大病で療養しているときに、いっきに調子が良くなったときもそうでした。

それまでの数か月（もしくは数年）悩んでいたことが、ある日突然いっきに解決して、思いもよらない展開になっていく。しかし、その前の数ヶ月（もしくは数年）は「停滞する時期」というのもたしかにありました。迷ったり、悩んだり、ふんぎりがつかなかったりして、グルグル同じところを行ったり来たりしているような感じです。

その「グルグル」から「ピカッとつやのでる答え」を見つけ、「よし、もう、わかった！　誰がなんと言おうと私はこの道で行くと決めた！」と覚悟ができたときから、不思議な引き寄せやめぐりあわせが起きてくるのです。

もし、いまあなたが「停滞期」だとしても心配はいりません。いまできること、目の前のことを安心して楽しんでいれば良いのです。宇宙や神さまは、あなたがどんな道に進みたいか、そして「何をいちばん求めているか」をちゃんと知っています。そして最高のタイミングで、物事をちゃんと動かしてくれるのです。

私が取材した成功者や大富豪、セレブたちにも、「停滞期」はもちろんありました。

しかし、**「停滞期」の後に、物事がいっきに進むことを知っているので、ドーンとかまえて顔につやを出しておき、停滞期さえも楽しんでいるように見えました。**

「停滞期」って誰にでもあります。「停滞期」は「進んでいない」のではありません。神さまは表面下であなたの調子を整え、あなたが羽ばたく準備をちゃくちゃくと進めているのです。物事がいっきに進むときが、もうすぐ、ちゃんとやってくるのですから。あんまりあわてずドーンとかまえて停滞期を乗り切りましょう。

お金と人に愛される魔法

「停滞期」の後に、物事がいっきに進むことを知っておこう

奇跡の大逆転が始まる「魔法の言葉」

生きていると時々「えっ、なんで、こんなことが起こるの？」と心のつやを失うような出来事もあります。

例えば、人間関係のトラブルとか、突然事故に巻き込まれたり、思いもよらない病気になることなど。そういう思いもかけないことが起きたときに、そのトラブルが良いことに変わってしまう魔法の言葉があるのです。

それは、**「このことからは、なぜか、いいことしか起きない！」**。この言葉を何度も唱えてみましょう。そうやって、なるべく早くプラスのこととしてとらえられる人には、まずその「困った出来事」が「プラス」に転じやすくなります。

さらに、それを続けているうちに、「強運のパワー」が貯まっていくようになります。

そうなると「これは、いいことでもなく、悪いことでもないな……」という**「普通の出来事」まで、自然と「いいこと」に展開していってしまう。**そういう「ステキな魔法」が起こる不思議な言葉なのです。

この「ステキな魔法」の始まりは「えっ、なんでこんなことが起こったの！」と思うような「良くないこと」が起こったときに、なるべく早く「このことからは、なぜか、いいことしか起きない！」と言えるかどうかにかかってくるんですね。

もしもあなたに突発的なトラブルが起きたとき、ショックで口も聞けないようなとき、心のつやを失ってしまったとき、どうかこの言葉に秘められたパワーを思い出してください。

「このことからは、なぜか、いいことしか起きない！」。あなたがそう言った瞬間に、強運の風が吹いてきて「奇跡の大逆転」が始まる流れに入っていきます。

お金と人に愛される魔法

トラブルが起きたらすぐに「このことからは、なぜか、いいことしか起きない！」と何度も言おう

幸せなお金持ちは「豊かな言葉」を自然と使う

以前、私が雑誌の編集者をしていたときに、大人気の風水師さんから「金運を上げる風水」についてお話をうかがいました。

そのとき、おもしろい話をたくさんうかがったのですが、いちばん印象に残っているのは「お金持ちと普通の人の違いは、言葉にある」ということでした。

「一般の人って、知らず知らずのうちに金運を下げる言葉を使っているんですよね」と風水師さん。

例えば、お金がないときについついジョーダンで「私、いま貧乏だからさあ（笑）」と自虐的につい言ってしまうことがあります。風水師さんによると「貧乏だから」という言葉を発するたびに「お金のブロック」ができて、豊かさを遠ざけているようなものなのだそうです。

「言葉のパワー」というのは本当に大きくて、自分が発したことは、あなた発のエネルギーとなって、地球をクルリと一周して「明日のあなた」に返ってきます。

また、**「お金さん」というのは、その人が発している言葉を、耳をすませてよく聞いています。**「貧乏だから」が口グセの人は「貧乏がますます叶う状態」を自分で作っているようなもの。「そのことに早く気付いてほしい」と風水師さんは真剣に伝えてくれました。


私が取材してきた「幸せなお金持ち」や大富豪、セレブの方たちは「豊かな言葉」を意識的に選んで、よく使っていました。

「豊かだなあ！」「幸せだなあ！」「私たちって、ラッキーですね！」「なんか満たされているねえ」。そういう「豊かでつやのある言葉」がごくごく自然に口から出てきます。

もうひとつ私が、成功者や大富豪の人から、学んだことがあります。例えば、そのとき一緒にいる人が、「豊かな言葉を使うこと」にむとんちゃくで「私、いま貧乏なんです」って言ったとしても、成功者や大富豪は、いちいち目くじらたててとがめたりしませんでした。ニコニコしながらその話を聞いているのですが、一方でご自分は笑顔で「豊かでつやのある言葉」を言い続けていたのです。

そういった成功者や大富豪の姿勢を見ているうちに、周りの人は「ああ、そうか、言葉って大事なんだなあ」「自分のことを貧乏だって言うの、もうやめよう」と心の中で自然と「気付き」が起きるといった感じです。

「その人と一緒にいると、周りの人に自然と気付きが起こる」。これこそが、「豊かな波動」のパワーです。「私がお金だったら、この人のところに飛んでいきたいだろうな！」と思わせるような「心の豊かな人」。そんな人に少しでも近づけるよう、言葉や雰囲気、行動を少しずつでも見直していきましょう。

お金と人に愛される魔法

ジョーダンでも「私は貧乏だから」と言うのはやめよう

お金を丁寧に「おもてなし」する

ある大富豪がこんなことを言っていました。

「お金に愛されるコツは、自分のところに来てくださったお金さんを丁寧におもてなしすることです」。言ってみれば「ホテルにやってきたお客さんを大切におもてなしするコンシェルジュ」という感じでしょう。

大富豪が言っていたとおり、お客さま（お金）がやってきたときから、「よくいらっしゃいました！　当ホテルを選んでいただきありがとうございます」という「ウエルカムでつややかな姿勢」で迎えましょう。

そして、あなたのホテルに来てくれた「お客さん（お金）」がゆっくり休む場所は、あなたの「お財布」となります。大切な「お客さま」を泊めるのですから、とびきりステキなお財布に入れてあげたいもの。だって、自分が「旅」をしているときも「どうせなら、ゆっくりくつろげるステキなホテルに泊まりたいな！」と思うでしょう？

お金と人に愛される魔法

お財布の中に、一万円札をできるだけ多めに入れておこう

「お金さん」はいろいろな人のところを回ってきて、エネルギーをチャージできるところを探しています。あなたの「お財布」を癒しの場所にするには**「できるだけ新しいお財布を使う」「傷やいたみのないお財布を使う」「余計なものが入っていないお財布を使う」**など、お財布の心地よさをチェックしていきたいものです。

さらに「お金さん」をもっと呼びたいのなら、お財布に一万円札を「できる範囲で多めに」入れておくといいと言われています。ある成功者の人は一〇〇万円をいつもお財布に入れているのを見せてくれたことがあります。そこまで多くなくても「自分はいつも一〇万円を入れている！」と話してくれたセレブもいました。

なぜなら**「お金さんは仲間がたくさんいるところに集まる」**という習性があるのです。あなたがホテルに泊まるときも人っ子ひとりいないガランガランのホテルだと、どんなに格式の高いホテルでも「ちょっとさびしいな……」と思うでしょう？　ある程度、人がいたほうが安心できて心地いい。「お金さん」もきっと同じことを思っているのでしょう。

信じなくていいけれど……「貧乏神」の話

いまからお話することは「とても信じられないような話」です。

ですから、信じなくてまったくけっこうですし、この話はとばして読んでいただいてもかまいません。

一生懸命、仕事をしていたり、とっても「いい人」なのに、なぜかずーっと、お金に困っている人っているものです。

そういう人って「お金の話」（豊かになる話）を誰かが始めると、なぜかソワソワして何度もトイレに立ったり、「私、そういう話は興味ないの……」と話に加わらなかったり、もしくは「成功なんかより、家族が元気なほうが大事よね」「お金より、友だちが大事だよね」というふうに他のものをひきあいに出して「お金の話をそらそうとする人」っているんです。

第一章の「貧乏神は『つや』が大嫌い」でも触れましたが、お金のことから話をそらそうとする人は「貧乏神」がついていることが多々あります。「貧乏神」は自分がついている人が豊かになると、そこにいられなくなってしまいます。そのため、その人にとって「豊かになる話」が入ってくると「その人の耳をふさごうとする」。だから、妙にソワソワしたり、トイレに何度も立ったりするのです。

もともと、その人の中に「お金の話をすることは、いけないことだ」とか「私はたくさんのお金を受け取る価値がない」とか「お金がたくさんあると、その他の幸せがおろそかになるような気がする」とか、**「お金に対する罪悪感」がある人に「貧乏神」はつきやすいのです。**

この「貧乏神」をとるには、あなたが心の底から**「私は、もう絶対貧乏はイヤだ！」**と天に向かって「覚悟」を放つこと。「お金がない」という現状に対してまだまだガマンしようとしたり、「私には貧乏がふさわしい」と思っていたりしていてはダメなのです。そういう態度でいると、ますます「貧乏神」の数が増えていきます。

私はある成功者から、初めてこのお話を聞いたとき、本当にショーゲキでした。でも、「そういう存在（貧乏神）がいるんだ」っていうことを知っているだけで、あなたの「意識」や「行動」が変わるので、「お金の流れ」にもずいぶん変化が出てくると思うのです。

ちなみに「貧乏神」はあなたの「考え方」や「思い」「行動」が変われば、ちゃんととれますので安心してください。とても信じられない話だと思いますが、「貧乏神という存在がいるんだ」ということだけ、胸にメモしておいてください。

お金と人に愛される魔法

「貧乏神」という存在がいることを知っておく

一時的にお金が入ってくる人、ずっとお金が入り続ける人

「お金が入ってくる人」には二種類あるそうです。ひとつは **「一時的にお金が入ってくる人」。** もうひとつは **「ずっとお金が入り続ける人」。**

「ずっとお金が入り続ける人になりたい！」。誰だってそう思いますよね。「ずっとお金が入り続ける人」というのは、こんな特徴があるそうです。

それはひとことで言うと **「安心できるあたたかい人」。**

あなたはずっと一生、仲良くするなら「安心できるあったかい人と一緒にいたい！」と思いませんか？　「安心できる人」っていうのは、気分がいつも安定しています。そして、周りの人に対して、挨拶や感謝を忘れない人。ときどき失敗しても、「ごめんなさい」って素直に謝れる人。そういう人がそばにいるととっても安心できます。

実は「お金さん」がずーっと一緒にいたいと思う人もそういう人です。逆に、「お金さん」が離れていくのは、こんな人です。

●気分が不安定で、波がある。
●そのときの気分で、やさしくしたり、怒鳴ったりする。
●お金が入ってくると、とたんにいばる。
●親しくなるにつれて、感謝や挨拶を忘れがち。
●自分のことばかりを中心に考える。
●顔に「つや」がない人。

などなど、こういう人のところには「一時的」にお金が行っても、すぐに離れていきます。もしくは「お金があっても、心はさびしくてたまらない」という「不幸せなお金持ち」になってしまうのです。

あなたが目指すのは**「心がいつもワクワクして楽しい。お金も十分にあって、好きなことがいっぱいできる！」**。このふたつの「両立」ですよね。このふたつを両立するためにも「自分って、周りの人にとって、あたたかくて安心できる存在なのかな？」ということをいつも見直していたいものです。

お金と人に愛される魔法

お金がずっと入り続けるような「安心できるあたたかい人」になろう

すべての人が「お金」を学ぶ時代がやってくる！

私は数年前から「お金のこと」を真剣に学び続けています。こうやって書くと「この本はお金を引き寄せる本だ！」「金運を上げるための本だ！」と思うでしょう。

実は、私は「お金のこと」を通じて伝えたい、大切なことがありました。

私は「お金のこと」というのは、「魂の成長」とものすごく密接に結びついていると思っています。私がいままで成功者や大富豪、セレブを取材してきてよくわかったのは、「魂（心）が成長したときに、お金も入ってくるようになる！」ということ。

さらに言うと「お金に関していつも困っている」は、「お金に関してちゃんと学びなさい（魂をもっと向上させなさい）」という神さまからのメッセージが何度も来ているのです。

この大切なメッセージを無視し続けてはいけません。以前の私もまさに、「お金のことから逃げる人」「お金に対して腰がひけている人」だったと思います。こういう人は、いちど本腰を入れて「お金に関する考え方」を勉強する必要があるんですね。そうでないと

「お金に困ること」（いわゆる、神さまからのメッセージ）はずっと続いてしまいます。

「むやみやたらに借金をすると、どうなるのか？」「親や兄弟に『お金を貸して』と言われても、断るべきときはきっぱり断らなきゃいけない」「お金が継続的に入ってくるようにするにはどこを改善すればいいのか？」……神さまや宇宙は、そういうことをきちんと学んでほしいのです。そしてあなたが本腰を入れて「お金のこと」を学びだすと、あなたの顔に「つや」が出て、「お金の川」はまたサラサラと音を立てて流れていくのです。

ある幸せな成功者の方がこんなことを言っていました。

「これからは『お金（経済）の時代』がやってくるんだよ。総理大臣から、OLさん、主婦、子ども、ホームレスの人まで、みんなが自分の『お金（経済）』に対する考え方をしっかり学ぶ時代になる」と。そういう時代にすでに突入していることを心にとめながら、これからも楽しく「お金のこと」を学んでいきましょう。

お金と人に愛される魔法

「お金に関して学びなさい」という神さまからのメッセージが来ていることに気付こう！

〈著者略歴〉

田宮陽子（たみや・ようこ）

エッセイスト。

雑誌・書籍の編集者時代、1000人を超えるさまざまな「成功者」を取材する。その後、斎藤一人氏の本の編集協力を経て、エッセイストとして独立。

毎日更新しているブログが反響を呼び、1日平均5万アクセスを集め、アメーバブログ「エッセイ部門」で常に上位を獲得している。

著書に、『斎藤一人　世界で一番楽しい取材の時間です』（KKロングセラーズ）がある。

ブログ：晴れになっても 雨になっても 光あふれる女性でいよう！
http://ameblo.jp/tsumakiyoko/

お金と人に愛される「つやの法則」

2016年7月7日　第1版第1刷発行
2016年8月8日　第1版第3刷発行

著　者　田宮陽子
発行者　小林成彦
発行所　株式会社PHP研究所
東京本部　〒135-8137　江東区豊洲5-6-52
ビジネス出版部　☎03-3520-9619（編集）
普及一部　☎03-3520-9630（販売）
京都本部　〒601-8411　京都市南区西九条北ノ内町11
PHP INTERFACE　http://www.php.co.jp/

組　版　有限会社エヴリ・シンク
印刷所　大日本印刷株式会社
製本所　株式会社大進堂

© Yoko Tamiya 2016 Printed in Japan
ISBN978-4-569-83117-6
※本書の無断複製（コピー・スキャン・デジタル化等）は著作権法で認められた場合を除き、禁じられています。また、本書を代行業者等に依頼してスキャンやデジタル化することは、いかなる場合でも認められておりません。
※落丁・乱丁本の場合は弊社制作管理部（☎03-3520-9626）へご連絡下さい。送料弊社負担にてお取り替えいたします。